皇迹

勒布朗·詹姆斯
LEBRON JAMES

冯逸明 / 主编

台海出版社

图书在版编目（CIP）数据

皇迹：勒布朗·詹姆斯 / 冯逸明主编 .--
北京：台海出版社，2023.3
ISBN 978-7-5168-3524-1

Ⅰ.①皇… Ⅱ.①冯… Ⅲ.①勒布朗·詹姆斯—事迹
Ⅳ.① K837.125.47

中国国家版本馆 CIP 数据核字 (2023) 第 047891 号

皇迹：勒布朗·詹姆斯

主　　编：冯逸明

出 版 人：蔡　旭　　　封面设计：冯逸明　　牛　涛
责任编辑：员晓博

出版发行：台海出版社
地　　址：北京市东城区景山东街 20 号　邮政编码：100009
电　　话：010-64041652（发行，邮购）
传　　真：010-84045799（总编室）
网　　址：www.taimeng.org.cn/thcbs/default.htm
E — mail：thcbs@126.com

经　　销：全国各地新华书店
印　　刷：朗翔印刷（天津）有限公司
本书如有破损、缺页、装订错误，请与本社联系调换

开　　本：710 毫米 ×1000 毫米　　1/16
字　　数：248 千字　　印　　张：14
版　　次：2023 年 3 月第 1 版　　印　　次：2023 年 4 月第 1 次印刷
书　　号：ISBN 978-7-5168-3524-1

定　　价：59.00 元

20
2003—2023
LEBRON JAMES
二十年，九重天，
皇者登巅万神殿。

LAKERS
6

于传奇之上，
颠覆传奇。
詹姆斯超越贾巴尔，加冕 NBA 历史总得分王
38388
LeBron James
2023.2.8

皇者九重天
巅峰弹指二十年

2003—2023
LEBRON JAMES

勒布朗·詹姆斯职业生涯二十年特别纪念札记

●文 / 轩窗少年 穆东

二十年光阴荏苒，二十年弹指一挥间，
二十年很长，长到沧桑巨变……
二十年很短，短到留不住寸缕光阴。
二十年，我们见证过无数巨星的跌宕过往，
而二十年，他始终站在联盟之巅！

2023 年 2 月 8 日，湖人对雷霆第三节的最后 26 秒，勒布朗 · 詹姆斯已经得到 34 分，距离贾巴尔的 38387 分纪录只有一分之差，且湖人拥有球权。最后 18 秒，詹姆斯接到威少传球，突破至中路翻身跳投。随着这次投篮命中，曾经看起来遥不可及、尘封 34 年的 NBA（常规赛）总得分纪录正式被改写。自此之后，詹姆斯每得 1 分，这个纪录便刷新一次。

在詹姆斯之前，贾巴尔是 NBA 史上最著名的“常青树”。从 20 岁一入 NBA 便是顶尖中锋，直到 1985 年他 38 岁时，依然能在 NBA 总决赛里率领湖人战胜凯尔特人，以 38 岁高龄破天荒地加冕总决赛 MVP，也是 NBA 史上年纪最大的总决赛 MVP。

如今詹姆斯也 38 岁了，步入自己 NBA 生涯的第 20 个赛季。

2020 年，36 岁的詹姆斯加冕了总决赛 MVP，如今 38 岁的他依然有能力主宰联盟。因为自身伤病、球队战绩以及突破力下降等原因，似乎让詹姆斯退出了 MVP 的讨论行列，然而当我们看到他在 2022/2023 赛季交出场均 30.2 分、8.5 个篮板、7 次助攻，以及命中率高达 50.8% 的豪华数据单时，不禁肃然起敬！

詹姆斯在自己职业生涯的第 20 年出现“逆生长”，篮板和助攻依然保持平均水平的同时，场均得分数据反而创下 14 年来的新高，试问，这真的是一位 38 岁球员的状态吗？

纵观 NBA 历史长河，能坚持到第 20 个赛季的球员凤毛麟角，而在第 20 个赛季能达到詹姆斯这个水准的绝无仅有：乔丹没有连续征战到第 20 个赛季；科比在第 20 个赛季场均得到 17.6 分，命中率仅有 35.8%；贾巴尔在第 20 个赛季场均只得 10 分，诺维茨基 12 分、加内特 6.9 分，这些巨星在第 20 个赛季的数据表现，与詹姆斯都相差很远。

由此可见，詹姆斯拥有浩瀚无垠的巅峰期，即便征战到第 20 年，丝毫不见颓势。

虽然加冕 NBA 历史得分王，但詹姆斯从来不认为自己是个得分手。初入联盟时，人们对于他的参照模板是“魔术师”约翰逊，而非乔丹，因为詹姆斯更全能，骨子里以传球为己任。詹姆斯并不是执拗于自己进攻的得分手，否则以他的能力，生涯不会只有一个赛季得分王。他是场上的组织者，是统御全军的元帅，更习惯于盘活队友的进攻，但更多时候因为队友进攻不利，他不得不披坚持锐、亲自上阵，成为摧城拔寨的得分手。久而久之，他的记分牌便跳动到 NBA 历史的顶端。

2020/2021 赛季，詹姆斯遭遇转折性伤病，以前核爆般的突破破坏力大幅度下滑，让他不得不换一种方式打球，于是我们频频看到他稳健而又自信的中距离跳投。

38 岁的詹姆斯，依然以联盟顶级得分手的方式延续着自己的职业生涯，虽然他更以全能见长。在 NBA 历史中，也只有卡尔·马龙稍微接近詹姆斯的生涯长度和暮年状态，但马龙大部分职业生涯都生存在乔丹的阴影下，最终无冠，荣耀与詹姆斯相差太远。

詹姆斯的职业生涯横跨了 2000 年代、2010 年代、2020 年代，NBA 的技术潮流不断迭代变化。即便是在三分球风靡天下的如今，詹姆斯依然能傲立潮头，因为他懂得以最快的速度适应当下的篮球潮流。2022/2023 赛季的一切，也是詹姆斯职业生涯的缩影。

詹姆斯的 2003 白金一代“同届”们早已被这个时代所抛弃，甚至比他晚几届的众多球星也杳然无踪，但詹姆斯依然真实而又强大地屹立在 NBA 的版图之上。

流水不腐，在不断变化中永葆生机，詹姆斯除了无与伦比的身体天赋之外，还拥有高绝无俦的篮球智商，懂得审时度势，以最佳方式融入 NBA 。

2003 年詹姆斯进入 NBA 时，是一个沉闷的年代。比赛节奏缓慢拖沓，崇尚防守对抗，犯规、绞杀无处不在，圣安东尼奥马刺和底特律活塞以冰冷的攻守统治着联盟。

即便如此，18 岁的“小皇帝”初入 NBA，首秀依然得到 25 分、6 个篮板、9 次助攻，并且在新秀赛季打出场均 20+5+5 的全能球星数据。那时的他身体轻盈，就像一名外线摇摆人，无球移动，中距离跳投，接球后快速袭框。

2008 年季后赛首轮，詹姆斯在第六场最后时刻用迅猛的连续突破击溃奇才，彼时的他拥有 2.06 米的身高、117 公斤的体重，奔跑在球场上就像一辆重型坦克，纵横无忌。

于是，“突破狂魔”的名号在 2008/2009 赛季最为响亮，即便詹姆斯可以利用身体天赋轻松碾压对手时，他也没有忘记自己的得分撒手锏——中远投。

权衡，取舍，然后自我完善。

在进入 NBA 的前十年，詹姆斯这位“突破狂魔”都要面对一个问题：在季后赛中空间被无限压缩，面框突破已无法频频奏效。2011 年总决赛，詹姆斯被老辣的小牛轮番防守后，失去以往的威力，热火与总冠军失之交臂，詹姆斯也陷入质疑旋涡之中。

于是，詹姆斯在那个夏天师从“大梦”，精研背身单打，然后他在 2012 年总决赛用这一招击溃雷霆，率领热火夺得总冠军，荣膺总决赛 MVP，加上常规赛 MVP，詹姆斯实现了“荣耀大满贯”。2013 年，他又将“荣耀大满贯”完整复制了一遍。

至此，詹姆斯已经具备了全能锋线的一切技能。之后无论他在热火增重打四号位，还是回到骑士后减重，在个人接管和传球组织之间切换自如。

即便是年过三十，如果球队需要，詹姆斯依然可以成为只手托天的统治者。2016 年总决赛最后三场，他接管一切，率领骑士击败常规赛 73 胜的勇士。2018 年，34 岁的詹姆斯又打出 NBA 史上季后赛史上最具统治力的个人表演。

詹姆斯拥有钢铁之躯与最强大脑，是一位世所罕见的篮球天才。虽然他拥有百年难遇的身体天赋，但他能够永立巅峰，更缘于他惊人的自律、聪慧和心性，这也是他之所以能连续 19 个赛季场均得分 25+，最终成为历史总得分王的主要原因。

适应时代，与时俱进，詹姆斯在 20 年里保持超高竞技状态，论巅峰持久性，NBA 历史上没有任何人能和他相提并论，甚至没有人能接近他。

JAMES
6

历 史 总 得 分 王

1

ALL TIME LEADING SCORER

2023 年 2 月 8 日（美国时间 2 月 7 日），湖人主场对阵雷霆。詹姆斯在第三节最后 10.2 秒，命中后仰中距离跳投，拿下第 36 分，超越贾巴尔（38387 分），将 NBA 总得分纪录改写为 38388 分，加冕 NBA 历史总得分王。

贾巴尔的总得分纪录曾被视为不可逾越，而詹姆斯完成了这次篮球史上的伟大超越。

LeBron James

38388

解码历史总得分王

2023 年 2 月 8 日，詹姆斯在湖人主场对阵雷霆的第三节最后时刻，18 投 12 中，三分球 5 投 4 中，砍下 36 分，生涯总得分达到 38388 分，超越贾巴尔（38387 分），正式加冕 NBA 历史总得分王。

早在 1983/1984 赛季，贾巴尔就超越张伯伦，坐上 NBA 总得分榜的头把交椅，自此他一直遥领总得分榜。

1989 年 6 月 28 日，贾巴尔正式退役，作为首位在 NBA 打满 20 个赛季且为主力的球员，“天勾”留下了一串令人叹为观止的神奇纪录，宛如天边一道绚丽的彩虹，令人渴望而不可及，其中最炫目的便是 NBA 历史总得分纪录——38387 分。

时隔 39 年之久，詹姆斯终于超越贾巴尔，摘得 NBA 总得分王的桂冠，还打破保持了 34 年、被誉为最难打破的总得分纪录。此战最终湖人以 130 比 133 惜败于雷霆，詹姆斯在前三节完成超越之后，在第四节只得 2 分，最终他全场 20 投 13 中，三分球 6 投 4 中，得到 38 分，经此一战，他的总得分上升为 38390 分。

虽然这场必将载入史册的超越之战有了一个湖人失利的注脚，但这丝毫不会影响詹姆斯登顶历史得分榜的伟大壮举，他的传奇足以纵贯整个篮球历史。

38 岁零 38 天的詹姆斯在比赛中砍下 38 分，超越贾巴尔加冕总得分王，超越那一刻，詹姆斯职业生涯总得分达到 38388 分。这次伟大的超越战竟然暗含如此多的巧合。

NBA 历史总得分榜 TOP 20

排名	球员	总得分	排名	球员	总得分
1	勒布朗·詹姆斯	38450	11	埃尔文·海耶斯	27313
2	贾巴尔	38387	12	哈基姆·奥拉朱旺	26946
3	卡尔·马龙	36928	13	凯文·杜兰特	26764
4	科比·布莱恩特	33643	14	奥斯卡·罗伯特森	26710
5	迈克尔·乔丹	32292	15	多米尼克·威尔金斯	26668
6	德克·诺维茨基	31560	16	蒂姆·邓肯	26496
7	威尔特·张伯伦	31419	17	保罗·皮尔斯	26397
8	沙奎尔·奥尼尔	28596	18	约翰·哈夫利切克	26395
9	卡梅隆·安东尼	28289	19	凯文·加内特	26071
10	摩西·马龙	27409	20	文斯·卡特	25728

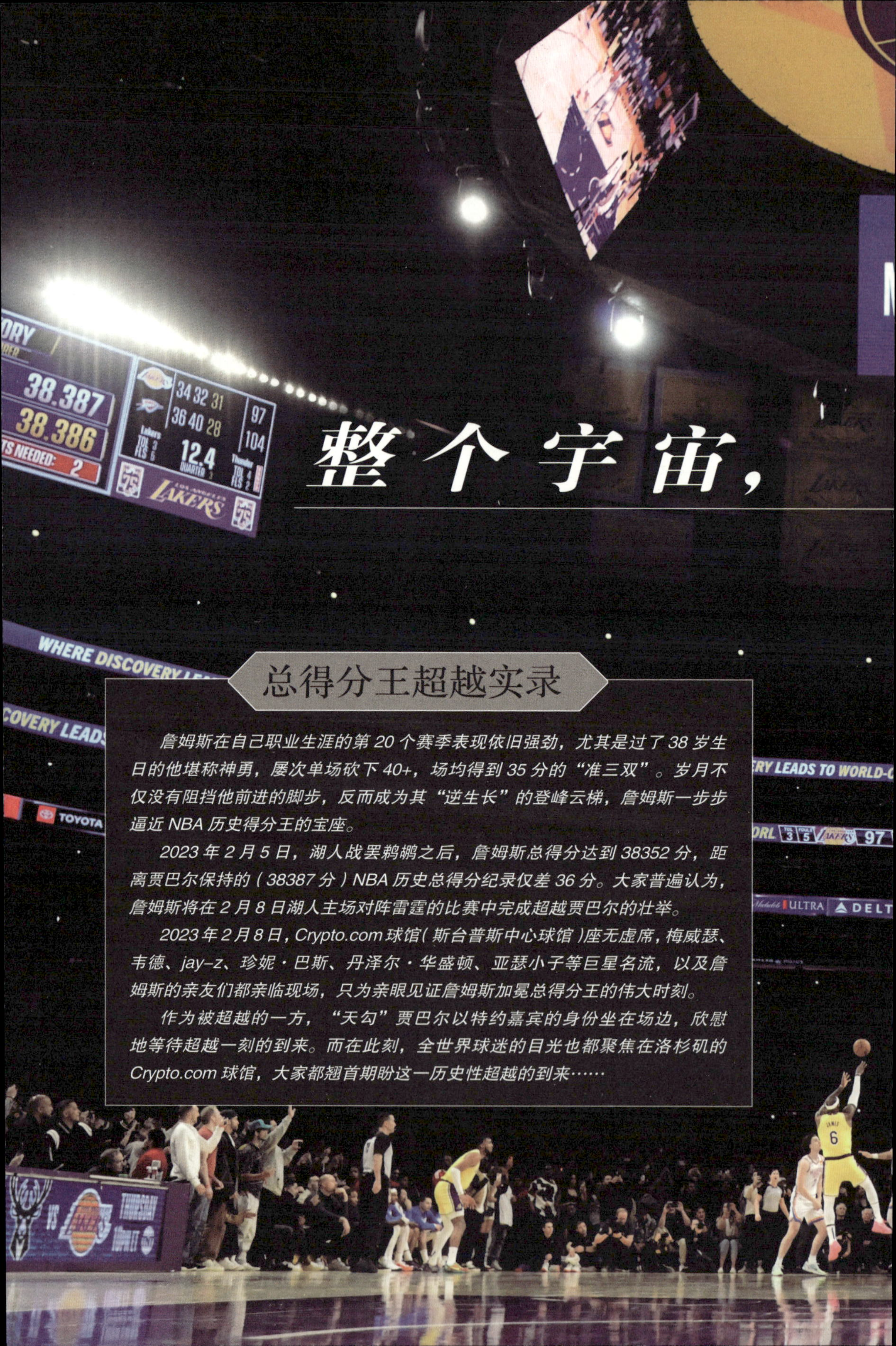

整个宇宙，

总得分王超越实录

詹姆斯在自己职业生涯的第 20 个赛季表现依旧强劲，尤其是过了 38 岁生日的他堪称神勇，屡次单场砍下 40+，场均得到 35 分的“准三双”。岁月不仅没有阻挡他前进的脚步，反而成为其“逆生长”的登峰云梯，詹姆斯一步步逼近 NBA 历史得分王的宝座。

2023 年 2 月 5 日，湖人战罢鹈鹕之后，詹姆斯总得分达到 38352 分，距离贾巴尔保持的（38387 分）NBA 历史总得分纪录仅差 36 分。大家普遍认为，詹姆斯将在 2 月 8 日湖人主场对阵雷霆的比赛中完成超越贾巴尔的壮举。

2023 年 2 月 8 日，Crypto.com 球馆（斯台普斯中心球馆）座无虚席，梅威瑟、韦德、jay–z、珍妮 · 巴斯、丹泽尔 · 华盛顿、亚瑟小子等巨星名流，以及詹姆斯的亲友们都亲临现场，只为亲眼见证詹姆斯加冕总得分王的伟大时刻。

作为被超越的一方，“天勾”贾巴尔以特约嘉宾的身份坐在场边，欣慰地等待超越一刻的到来。而在此刻，全世界球迷的目光也都聚焦在洛杉矶的 Crypto.com 球馆，大家都翘首期盼这一历史性超越的到来……

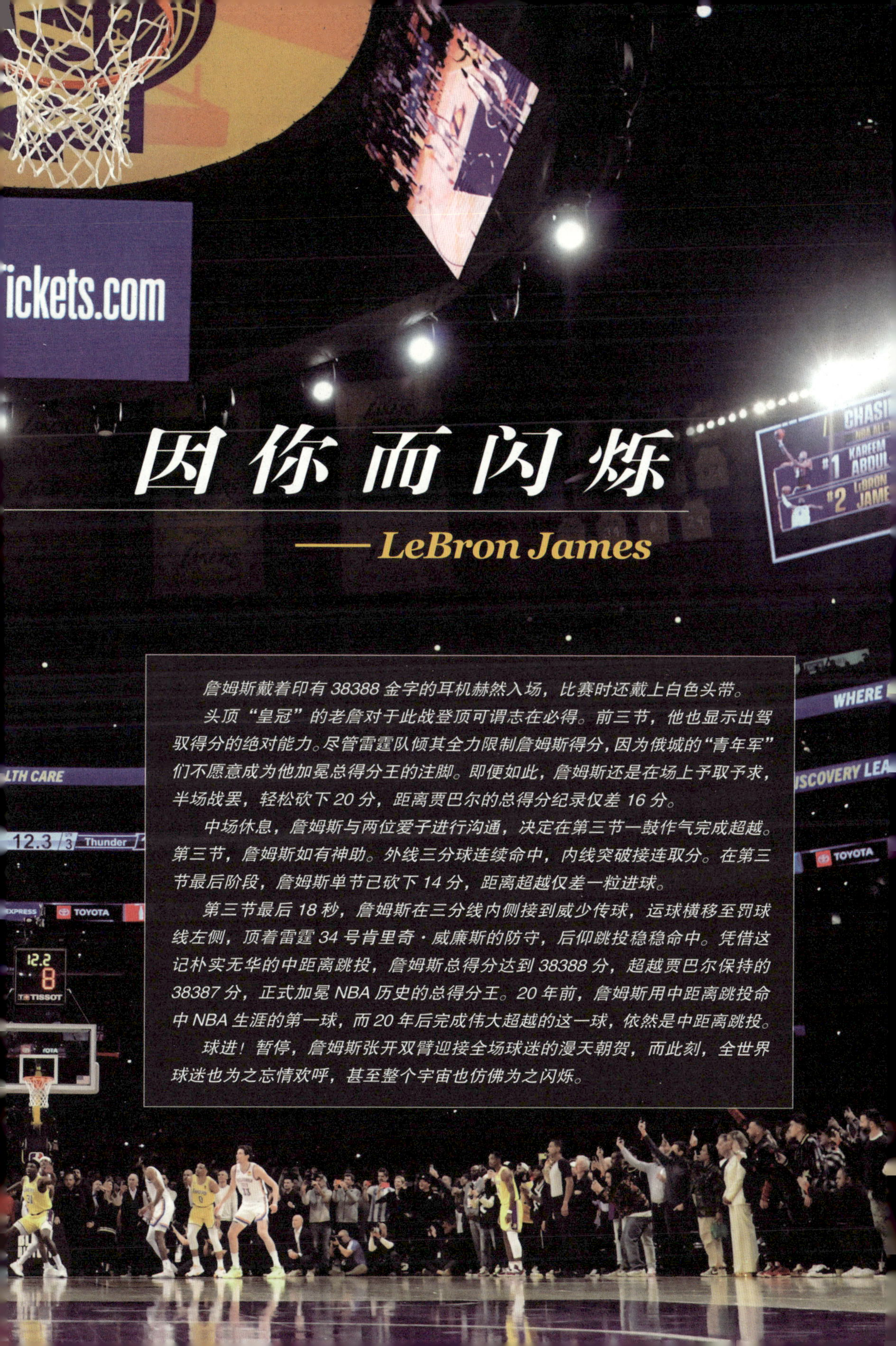

因你而闪烁

——LeBron James

詹姆斯戴着印有 38388 金字的耳机赫然入场，比赛时还戴上白色头带。

头顶“皇冠”的老詹对于此战登顶可谓志在必得。前三节，他也显示出驾驭得分的绝对能力。尽管雷霆队倾其全力限制詹姆斯得分，因为俄城的“青年军”们不愿意成为他加冕总得分王的注脚。即便如此，詹姆斯还是在场上予取予求，半场战罢，轻松砍下 20 分，距离贾巴尔的总得分纪录仅差 16 分。

中场休息，詹姆斯与两位爱子进行沟通，决定在第三节一鼓作气完成超越。第三节，詹姆斯如有神助。外线三分球连续命中，内线突破接连取分。在第三节最后阶段，詹姆斯单节已砍下 14 分，距离超越仅差一粒进球。

第三节最后 18 秒，詹姆斯在三分线内侧接到威少传球，运球横移至罚球线左侧，顶着雷霆 34 号肯里奇 · 威廉斯的防守，后仰跳投稳稳命中。凭借这记朴实无华的中距离跳投，詹姆斯总得分达到 38388 分，超越贾巴尔保持的 38387 分，正式加冕 NBA 历史的总得分王。20 年前，詹姆斯用中距离跳投命中 NBA 生涯的第一球，而 20 年后完成伟大超越的这一球，依然是中距离跳投。

球进！暂停，詹姆斯张开双臂迎接全场球迷的漫天朝贺，而此刻，全世界球迷也为之忘情欢呼，甚至整个宇宙也仿佛为之闪烁。

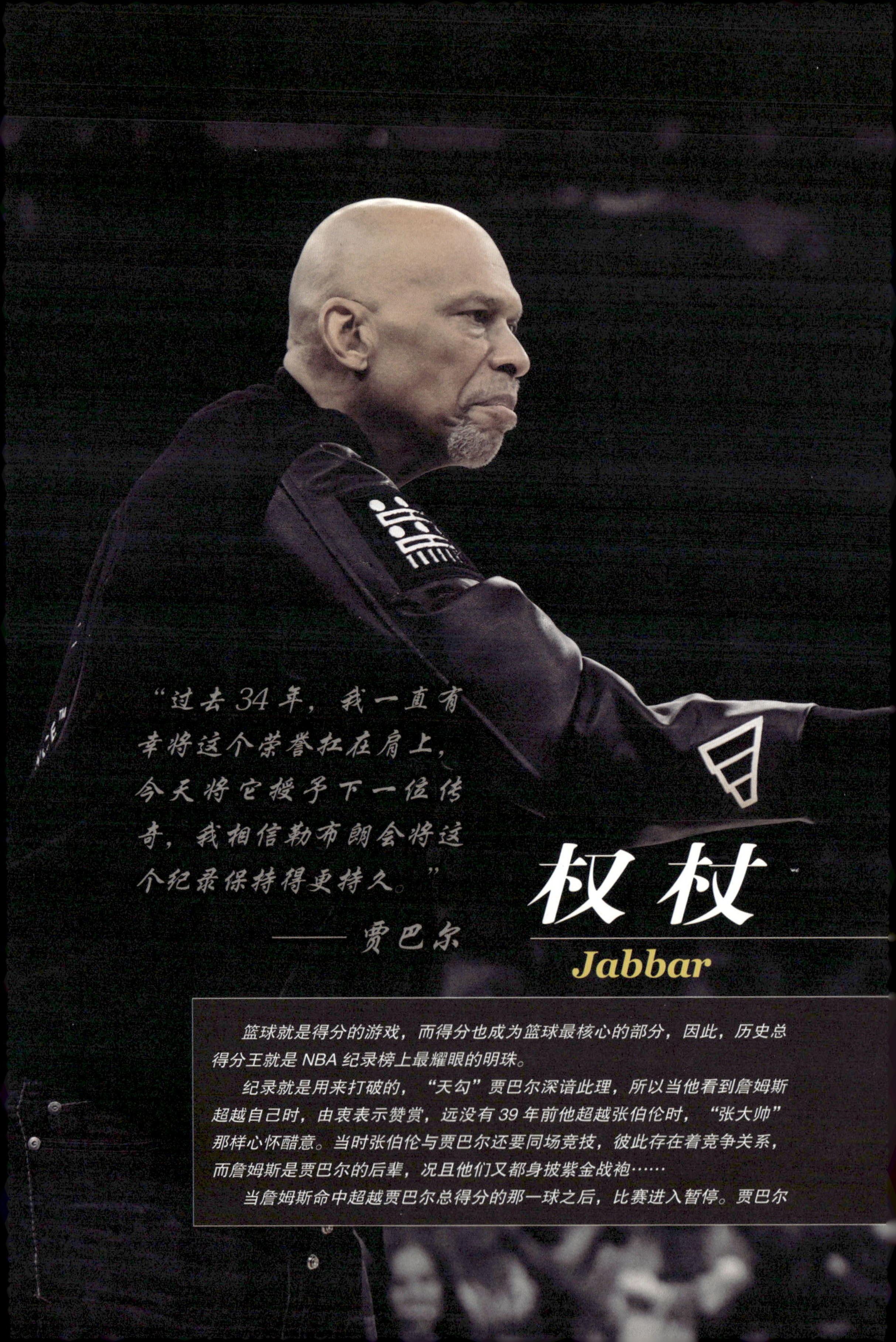

“过去 34 年，我一直有幸将这个荣誉扛在肩上，今天将它授予下一位传奇，我相信勒布朗会将这个纪录保持得更持久。”

——贾巴尔

权杖

Jabbar

篮球就是得分的游戏，而得分也成为篮球最核心的部分，因此，历史总得分王就是 NBA 纪录榜上最耀眼的明珠。

纪录就是用来打破的，“天勾”贾巴尔深谙此理，所以当他看到詹姆斯超越自己时，由衷表示赞赏，远没有 39 年前他超越张伯伦时，“张大帅”那样心怀醋意。当时张伯伦与贾巴尔还要同场竞技，彼此存在着竞争关系，而詹姆斯是贾巴尔的后辈，况且他们又都身披紫金战袍……

当詹姆斯命中超越贾巴尔总得分的那一球之后，比赛进入暂停。贾巴尔

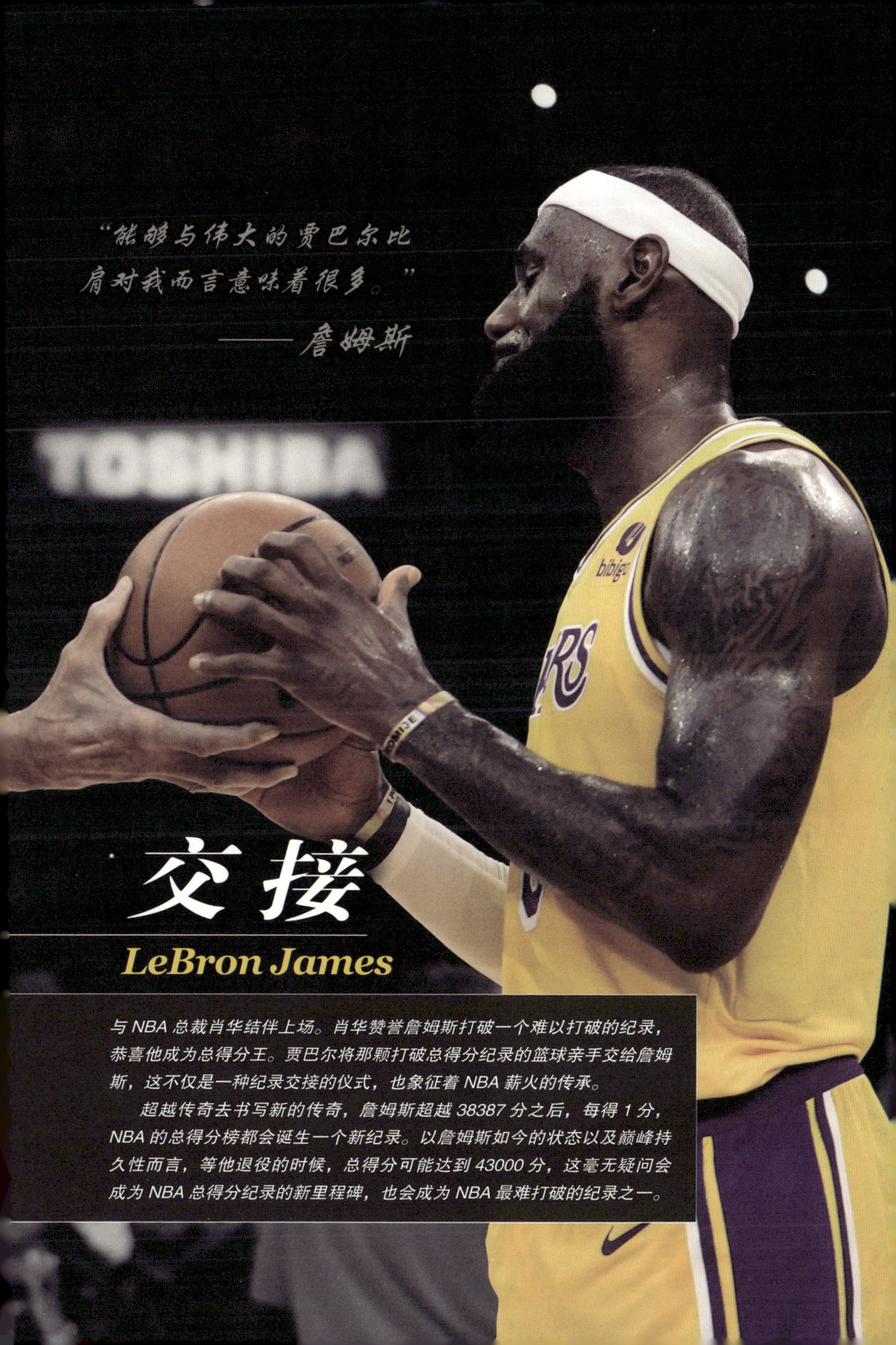

“能够与伟大的贾巴尔比肩对我而言意味着很多。”

——詹姆斯

交接

LeBron James

与 NBA 总裁肖华结伴上场。肖华赞誉詹姆斯打破一个难以打破的纪录，恭喜他成为总得分王。贾巴尔将那颗打破总得分纪录的篮球亲手交给詹姆斯，这不仅是一种纪录交接的仪式，也象征着 NBA 薪火的传承。

超越传奇去书写新的传奇，詹姆斯超越 38387 分之后，每得 1 分，NBA 的总得分榜都会诞生一个新纪录。以詹姆斯如今的状态以及巅峰持久性而言，等他退役的时候，总得分可能达到 43000 分，这毫无疑问会成为 NBA 总得分纪录的新里程碑，也会成为 NBA 最难打破的纪录之一。

LAKERS
6
'53
'72

湖人对阵雷霆第三节的最后10.2秒，詹姆斯用一记后仰跳投，超越贾巴尔，登上NBA历史得分王宝座。打破纪录之后，比赛随即暂停，詹姆斯张开双臂，尽情享受全场球迷的欢呼与朝贺。他将家人、好友招集到身旁，一起分享打破历史纪录的这一时刻。

Crypto.com球馆播放起詹姆斯20年职业生涯得分超越的致敬短片，伴随着那一幅幅经典画面掠过，大家感慨万千，有幸亲眼见证NBA历史上最具传奇性的超越一幕！

接过贾巴尔那颗象征传承的篮球之后，詹姆斯有些哽咽，眼中泛起点点泪光。怎么能心如止水呢？作为球迷只能感叹这次超越的伟大，而作为亲历者，詹姆斯才最能体会超越背后的种种艰辛以及伟大超越的心路历程。

没有比今天更棒的夜晚
加冕历史总得分王詹姆斯说
ALL TIME SCORE LEADER / LeBron James SPEECH

“感谢湖人球迷，你们是独一无二的，能够与伟大的贾巴尔比肩对我而言意味着很多。这是非常的一刻，请大家起立为先驱（贾巴尔）欢呼。感谢我的妻子、女儿、儿子、母亲、兄弟姐妹以及所有人。过去20年你们一直陪伴我左右，谢谢大家。没有你们，我也不会成为现在的我，你们的热情和牺牲成就了现在的我。感谢NBA、肖华先生，以及故去的斯特恩先生，感谢你们让我能够从事一直梦想的工作。再给我一百万年，我也想象不出比今天更棒的夜晚。谢谢大家！”

——**勒布朗·詹姆斯**

祝贺詹姆斯加冕历史总得分王
ALL TIME LEADING SCORER

贾巴尔：“詹姆斯就是统治篮球运动的球员，他已经持续巅峰近20年！”

斯蒂芬·库里：“恭喜詹姆斯，你就是传奇，#38388！”

凯文·杜兰特：“恭喜你成为历史得分王，你知道这一路经历了怎样的磨砺。从第一天起，你就鼓舞了很多人，并为我们设定了很高的标准。”

尼古拉·约基奇：“这伙计没有所谓的巅峰期，因为20年间一直处于巅峰。他是真正值得崇拜的偶像，永远无法想象能像他那样打那么长时间。”

德怀特·霍华德：“他说过可以成为得分王，然后他做到了。”

NBA官方：“39年之后，联盟迎来新的得分王！致敬，勒布朗·詹姆斯。”

●勒布朗・詹姆斯 / LeBron James
●母亲：格洛丽亚・詹姆斯 / Gloria James
●妻子：萨瓦娜・詹姆斯 / Savannah James
●大儿子：布朗尼・詹姆斯 / Bronny James
●二儿子：布莱斯・詹姆斯 / Bryce James
●小女儿：朱莉・詹姆斯 / Zhuri James

“亲爱的，我祝贺你加冕历史得分王，为你感到无比骄傲。我见证了你每日每夜付出的努力和职业精神。我知道你为此付出了太多，你达成了一个未能设想的纪录。你应该感谢你自己。”

——萨瓦娜·詹姆斯

加冕历史得分王那一刻，比赛进入暂停庆祝时间。詹姆斯将家人们揽入怀中合影留念，一起分享这一伟大时刻的喜悦。这张“全家福”旋即定格，从左起依次是：詹姆斯的大儿子布朗尼、二儿子布莱斯、小女儿朱莉、妻子萨瓦娜和母亲格洛丽亚。

NBA 历史上一共有 7 人先后加冕过历史得分王，而自从 1984 年之后，历史得分王的宝座就被贾巴尔垄断，39 年之后的 2023 年，詹姆斯终于超越贾巴尔，成为新的历史得分王。

詹姆斯进入 NBA，从未想过要成为总得分王，他是像“魔术师”那样的全能球员，而非乔丹式的得分手。然而“无心插柳柳成荫”，并不执拗于得分的詹姆斯凭借浩瀚无垠的巅峰期以及全面而又强大的进攻能力，还是登上了 NBA 总得分历史第一的宝座。

●第 5 排左起：达米安·利拉德、约翰·斯托克顿、凯文·加内特、德克·诺维茨基、

●第 4 排左起：雷吉·米勒、克莱德·德雷克斯勒、雷·阿伦、科怀·伦纳德、

●第 3 排左起：詹姆斯·哈登、乔治·格文、多米尼克·威尔金斯、帕特里·克尤因、

●第 2 排左起：杰里·卢卡斯、詹姆斯·沃西、鲍勃·麦卡杜、埃尔文·约翰逊、

●第 1 排左起：埃尔文·海耶斯、比尔·沃尔顿、杰里·韦斯特、贾巴尔、

2022 年克利夫兰全明星周末 75 大（部分）球星合影

扬尼斯·阿德托昆博、卡梅隆·安东尼、勒布朗·詹姆斯、德怀恩·韦德、克里斯·保罗

大卫·罗宾逊、加里·佩顿、保罗·皮尔斯、阿伦·艾弗森

沙奎尔·奥尼尔、哈基姆·奥拉朱旺、罗伯特·帕里是、凯文·麦克海尔、贾森·基德

查尔斯·巴克利、朱利叶斯·欧文、里克·巴里、史蒂芬·库里、戴夫·宾、伊赛亚·托马斯

奥斯卡·罗伯特森、比利·坎宁安、鲍勃·佩蒂特

Give no Quarter
PLAY YOUR PERFECT COMBINATION
PERFECT COMBINATION
COMBINATION
PLAY YOUR PERF
LAKERS
6
Angeles
13
Los Angeles
1
TOYOTA
AMERICAN EXPRESS
Spectrum
crypto.com
2022-23 LA CLIPPERS
ULTRA
DELTA
Clippers
57
HOOPS FOR TROOPS

“论季后赛的表现，我不会把任何人放在詹姆斯的前面，他是一位能够真正击败你的球员。”

——保罗·皮尔斯

攻防制霸

Intergtated attack and defense

詹姆斯超越贾巴尔，加冕总得分王，让人们的焦点集中在他那强大的砍分能力上。实际上，詹姆斯更强大的原因在于他的全能，这种全能不仅体现在进攻端，还体现在充满压迫感的防守端。詹姆斯入选过 13 次最佳阵容一阵，也入选过 5 次最佳防守阵容一阵，这对于这位以进攻为主的持球大核心难能可贵。

相信伊戈达拉永远忘不了2016 年总决赛“抢七大战”那记追击钉板的“死亡封盖”，而一向心高气傲的“真理”皮尔斯也不禁对詹姆斯由衷赞叹。

作为对手，他们面对詹姆斯时不禁有种“被支配”的恐惧，而“攻防一体”不足以说明詹姆斯的强大。一言蔽之，他是一位在球场上统治攻防两端的球员。

01

骑士1.0时代

少年天子拉满弓，
不惧岁月不惧风。
克城七载惊天变，
单骑孤皇镂功名。
——To LeBron James
SIXERS

02

热火BIG 3时代

Miami Heat

2010.7—2014.7

详情请从第 91 页读起。

三巨头四载相聚，
迈阿密两冠荣光。
皇冠高悬临绝顶，
帝业初成傲古行。

——*To LeBron James*

皇者衣锦归故里，
克勇一冠也倾城。
单骑逆旅巅峰决，
横刀立马第一峰。

——*To LeBron James*

03

骑士2.0时代

Cleveland Cavaliers

2014.7—2018.7

详情请从第 121 页读起。

04

湖人KING时代

Los Angeles Lakers

2018.7—2023

详情请从第 153 页读起。

皇者入主天使城，
詹眉携手紫金晴。
致敬曼巴终夺冠，
超越天勾定帝星。

——To LeBron James

LOS ANGELES
LAKERS

crypto.com
TOSHIBA
DELTA
Spectrum
LAKERS
6

“我是一位可以在20年内改变比赛的球员。”

——詹姆斯

20

2003—2023

LEBRON JAMES

一巅二十年

詹姆斯出道即巅峰。2003 年，他在 NBA“处子战”中就砍下“20+5+5”一流全能球星的数据，自此一路星程浩荡。

自 2005 年詹姆斯入选全明星首发之后就从未掉队，连续保持了 19 年。从 2003 年到 2023 年，20 年时光荏苒，詹姆斯始终站在联盟之巅，拥有浩瀚无垠的巅峰期。

虽然已经 38 岁了，詹姆斯依然能完成雷霆万钧的暴扣，随心所欲地砍分。即便已经拿到第 38388 分，坐稳历史得分榜第一的宝座，但他还远远未到终点……

从 2003 年到 2023 年，詹姆斯在 NBA 的 20 年职业生涯中荣誉满载，主要包括如下荣誉。

4 届总冠军 / 4 届总决赛 MVP / 4 届常规赛 MVP / 3 届全明星 MVP / 2 届奥运金牌
19 届全明星 / 10 届全明星票王 / 13 届最佳阵容一阵 / 5 届最佳防守阵容一阵 / 1 届得分王
1 届助攻王 / 1 届最佳新秀 / 3 届 ESPY 最佳男运动员 / NBA75 大球星 / NBA 总得分王

20
2003—2023
二十年之现象皇

荣耀之皇

LeBron James 1

20

2003—2023

二十年之现象皇

商业之皇 LeBron James

2

2022 年 8 月，詹姆斯与湖人签下一份 2 年 9710 万美元的续约合同，自此，詹姆斯在 NBA 效力 20 年里，签下的总薪资高达 5.32 亿美元，成为 NBA 首位总薪资超 5 亿美元的球员。相比 NBA 中的无双薪资而言，詹姆斯在场下的商业收入更多。作为继乔丹之后最具影响力的篮球巨星，也是全球最炙手可热的体育偶像之一，詹姆斯的巨大影响力催生出了巨大的商机。

从 2003 年到 2023 年，詹姆斯在 NBA 的 20 年里，并不满足只做代言明星，而是要成为老板。他独具慧眼、不断开拓，已经形成庞大的商业帝国。

詹姆斯是 Nike 的头牌，Nike 的总部就命名为“勒布朗·詹姆斯大楼”。詹姆斯在 2015 年与 Nike 签下 10 亿美元的终身合同。合同的核心是不再收取代言费，而是收取 5% 他代言 Nike 产品的销售分红，实现了从打工者到老板的跃迁。

此外，詹姆斯还代言了 AT&T、麦当劳、微软、三星、百事可乐、GMC 等数十个品牌，代言产品数量与收入均高居 NBA 球员的首位。

作为投资者，詹姆斯更是长袖善舞、充满智慧。

他先后投资创立了 SpringHill 娱乐公司、数字媒体公司 Uninterrupted、经纪公司 LRMR 等企业，还代言拿下 Beats 耳机 1% 的股权，并且投资成为利物浦俱乐部、波士顿红袜队、冰球匹兹堡企业队的小老板。此外，詹姆斯还致力于创造了自己的品牌，譬如“Lobos1707”高端龙舌兰酒。

虽然仅凭个人实力就日进斗金，但詹姆斯的商业帝国版图远不止于此，他依然在不断地开疆拓土。随着商业版图的不断拓展，詹姆斯已成为立足于 NBA，覆盖到全领域的“商业之皇”。

20
2003—2023
二十年之现象皇
3

数据之皇
LeBron James

詹姆斯不仅是 NBA 历史总得分王，而且还是季后赛总得分王、全明星赛总得分王。此外他总助攻数达到 NBA 历史第四，总抢断数也跻身历史前十，其他数据也名列前茅。詹姆斯除了凭借超长的巅峰期，渐次登上各大数据榜之外，瞬息必杀的能力也是超强，不仅能在总决赛单场砍下 50+，还是季后赛的绝杀王。

STAY
PRESENT

1
常规赛 + 季后赛总得分王

2022 年 2 月 13 日，湖人对阵勇士，詹姆斯得到 26 分，职业生涯常规赛与季后赛的总得分达到 44152 分，超越贾巴尔（44149 分），正式登顶 NBA 常规赛与季后赛的总得分榜。此外詹姆斯还是 NBA 的季后赛总得分王（7631 分），比第二名乔丹（5987 分），足足领先 1644 分。

1
历史总得分王

2023 年 2 月 8 日，湖人主场对阵雷霆。詹姆斯在第三节还剩 10.9 秒时，命中一记后仰跳投，常规赛总得分达到 38388 分，打破贾巴尔保持的 NBA 常规赛总得分纪录（38387 分），因为在 NBA 统计中的总得分以常规赛得分计算，所以詹姆斯也正式加冕 NBA 的历史总得分王。

4
生涯总助攻历史第四

2023 年 2 月 1 日，湖人客场以 129 比 123 战胜尼克斯。詹姆斯全场送出 11 次助攻，生涯总助攻来到 10338 次，超越纳什上升到历史第四，仅次于斯托克顿、基德和保罗。

30000+10000+10000
得分、篮板、助攻三大数据全面破万新里程

2022 年 3 月 14 日，湖人客场挑战太阳，詹姆斯妙传安东尼命中三分球，送出个人职业生涯的第 10000 次助攻。

随着这次助攻达成，詹姆斯成为 NBA 历史上首位达成得分超三万分，篮板和助攻同时破一万的球员。

38000
最年轻 38000 分先生

2023 年 1 月 16 日，湖人主场以 112 比 113 惜败 76 人，38 岁零 17 天的詹姆斯生涯总得分突破 38000 分大关，成为继贾巴尔（41 岁）之后唯一的 38000 分先生，也是最年轻的 38000 先生。詹姆斯还包揽从 1000 分到 38000 分各分段的最年轻球员称号。

61
单场最高得分

2014 年 3 月 4 日，热火主场以 124 比 107 大胜山猫，詹姆斯豪取 61 分，创下个人职业生涯的得分新高。

9
生涯总三分球数历史第九

2023 年 1 月 26 日，湖人以 113 比 104 战胜马刺，詹姆斯得到 20 分、9 个篮板、11 次助攻，职业生涯总三分球命中数达到 2222 个，超越克劳福德，升至历史第九位。

19
单场最高篮板

2008 年 1 月 11 日，骑士主场以 113 比 106 战胜山猫，詹姆斯摘得 19 个篮板，创下个人篮板数新高。

19
单场最高助攻

2018 年 2 月 9 日，骑士客场以 123 比 107 大胜老鹰，詹姆斯送出 19 次助攻，创下个人助攻新高。

7
单场最高抢断

2004 年 12 月 14 日，骑士客场以 92 比 86 力克灰熊，詹姆斯送出 7 次抢断，创下个人抢断新高。

5
单场最高盖帽

2004 年 2 月 24 日，骑士主场以 104 比 100 战胜黄蜂，詹姆斯全场送出 5 记盖帽，创下个人盖帽新高。

数据酷

詹姆斯各项数据纪录汇总

19
连续入选全明星次数最多

詹姆斯从 2005 年到 2023 年，连续 19 次入选全明星，创下 NBA 无双的壮举。

454
季后赛总抢断王

2020 年 6 月 4 日，詹姆斯的季后赛总抢断数达到 454 次，名列 NBA 历史第一，第二名为皮蓬（395 次）。

10
十进总决赛

2020 年 9 月 27 日，湖人以总比分 4 比 1 淘汰掘金，晋级总决赛。詹姆斯豪取 38 分、16 个篮板、10 次助攻的“三双”，成为 NBA 历史上第四位能 10 进总决赛的球员。

51
总决赛单场最高分

2018 年 6 月 1 日，总决赛骑士客场以 114 比 124 惜败勇士，詹姆斯砍下 51 分，创造总决赛个人得分新高。

27
历史第二连胜

从 2013 年 2 月 4 日至 2013 年 3 月 26 日，詹姆斯率热火取得 27 连胜，排名历史第二，仅次于湖人的 33 连胜。

10
全明星赛票王

2023 年 1 月 27 日，NBA 全明星票选最终公布，詹姆斯连续第七年成为全明星票王，生涯第十次获得此殊荣，独占全明星票王榜的历史第一，乔丹（9 次）屈居历史第二。

162
季后赛胜场数最多球员

2020 年 9 月 9 日，湖人以 112 比 102 击败火箭。詹姆斯个人季后赛胜场达到 162 场，超越费舍尔 161 场，成为 NBA 历史上获得季后赛胜场数最多的球员。

426
全明星得分王

2023 年 2 月 20 日，犹他全明星赛，詹姆斯因伤只出战上半场，拿到 13 分。尽管如此，詹姆斯的全明星总得分达到 426 分，依然刷新着由自己保持的全明星个人总得分纪录。

8
季后赛绝杀王

2018 年 5 月 6 日，东部半决赛第三场，骑士主场以 105 比 103 险胜猛龙，詹姆斯命中绝杀球，至此他在季后赛完成 8 次绝杀，其中有 5 次压哨绝杀，排名历史第一。

bibigo
LAKERS
6

皇迹20

2003—2023

LEBRON

皇者纵横二十年

JAMES

勒布朗·詹姆斯编年史

文：穆东 张小米 韦伯三世 轩窗少年

JAMES
23

骑皇傲世

LeBron James

2000年代

2000年代

克利夫兰之孤皇岁月
骑士1.0时代

Cleveland Cavaliers

2003—2010

1

2003

极耀帝星临克城

2003 年是勒布朗·詹姆斯“皇者降临”的 NBA 元年，从那年开始，作为高四毕业生的詹姆斯就大放异彩。他在对阵罗切斯特高中的比赛狂砍 52 分，并在该赛季场均豪取 31.6 分、9.6 个篮板、4.6 次助攻和 3.4 次抢断。

詹姆斯在圣玛丽高中四年里率队三夺州冠军，留下总得分 2657 分、892 个篮板和 523 次助攻的三项学校队史纪录，他的圣玛丽高中 23 号球衣也被马萨诸塞州篮球名人堂收藏。

权威媒体《体育画报》在詹姆斯还未进入 NBA 之时就给他立下封号——天选之子。

早在 2003 年 3 月的麦当劳全明星赛时，砍下 27 分并荣膺 MVP 的詹姆斯就宣布将参加该年的 NBA 选秀，一时间引起 NBA 各支球队的觊望，克利夫兰骑士更是志在必得。

骑士早在 2002 年就秘密试训了这位天赋卓绝的“小老乡”。当他们看到还是高三生的詹姆斯轻松击败那些 NBA 球员时，就决定要将他带到克利夫兰，为此骑士不惜摆烂。

2002/2003 赛季，骑士仅取得 17 胜 65 负，

詹姆斯 2003 年荣耀简表

- 2003 年奈史密斯高中篮坛 MVP
- 2003 年 NBA 选秀状元

与掘金战绩持平，并列联盟倒数第一，但克利夫兰人幸运地抽到“状元签”。

2003年6月27日，NBA选秀在纽约麦迪逊花园广场进行。在这个屡次上演奇迹的篮球圣地，又一次出现了NBA选秀史上的奇迹——“白金一代”。

在浩瀚的NBA长河中，2003年“白金一代”涌现的巨星数量与质量足以与84“钻石一代”和96“黄金一代”相媲美。这里有在大一赛季就率领雪城大学拿下NCAA冠军，场均轰下22分、10个篮板 的MOP（NCAA最佳球员）卡梅隆·安东尼；来自马奎特大学充满爆炸力的得分后卫德怀恩·韦德；佐治亚理工学院KG式大前锋克里斯·波什，还有鬼才前锋约什·霍华德、全能内线大卫·韦斯特，以及T. J.福特、达科·米利西奇、科克·辛里奇、乌杜尼斯·哈斯勒姆、克里斯·卡曼等实力球员，可谓是人才济济。

纵然2003年选秀夜群星璀璨，但身着一袭雪白西装的詹姆斯还是成为麦迪逊最亮丽的风景线，他毫无悬念地在首轮第一顺位被克利夫兰骑士选中。第二顺位有些意外，见解独特的底特律活塞总经理乔·杜马斯偏偏选中来自塞维利亚的全能中锋米利西奇，丹佛掘金在第三顺位顺理成章地招来安东尼。

自此，2003年“白金一代”的“状元”詹姆斯与“探花”安东尼之间的比赛也成为人们津津乐道的话题，这次选秀也一举拉开“绝代双骄”长达十多年对抗的序幕。

2003年，迈克尔·乔丹永远地告别NBA赛场，寻找“乔丹接班人”已迫在眉睫。科比、麦迪、艾弗森、卡特以格兰特·希尔，都曾被视为热门人选。

而勒布朗·詹姆斯的出现显然高于“乔丹接班人”的层级，他在高中篮球界就取得帝王级至尊成就。他拥有惊人的身体天赋，被称为“百年难遇的奇才”，他不会成为谁的接班人，而要成为未来主宰NBA联盟的那个自己。

还未在NBA亮相的詹姆斯便已名满全美，连名宿们也为之神往。

“詹姆斯有可能成为NBA历史上最杰出的球员。”杰里·韦斯特说这句话时完全忘掉了科比的存在。皮蓬附议，即便他曾经辅佐过乔丹。

骑士选中了詹姆斯之后，连克利夫兰整个城市都为之欢腾一片。

克利夫兰的篮球队和橄榄球队俱全，但自打1964年橄榄球队登顶NFL之后，这个城市再也不知冠军为何物。克利夫兰骑士曾在20世纪80年代初的三年时间里一共赢得66场NBA的比赛。80年代末，骑士终于崛起了，但他们遭遇乔丹绝杀。那记“The Shot”成为克利夫兰人心头永恒的伤疤。此后经年，又被乔丹用另一记“The Shot”再杀。

2003 年 NBA 选秀 TOP10

1. 克利夫兰骑士 / 勒布朗 · 詹姆斯
2. 底特律活塞 / 达科 · 米利西奇
3. 丹佛掘金 / 卡梅隆 · 安东尼
4. 多伦多猛龙 / 克里斯 · 波什
5. 迈阿密热火 / 德怀恩 · 韦德
6. 洛杉矶快船 / 克里斯 · 卡曼
7. 芝加哥公牛 / 科克 · 辛里奇
8. 密尔沃基雄鹿 /T. J. 福特
9. 纽约尼克斯 / 迈克尔 · 斯威特尼
10. 华盛顿奇才 / 贾维斯 · 海耶斯

SPALDING
Kings
13

最好的那几年，骑士遭遇拥有乔丹的公牛，被压垮后的克利夫兰球队成为年复一年的“鱼腩”，进入暗无边际的幽暗岁月。

骑士，乃至整个克利夫兰都无比企盼“救世主”，而如今，他们终于得偿所愿！一个头戴王冠、足踏祥云的天才少年来拯救这里。作为 NBA 有史以来人气最高的高中生球员，头顶“状元”光环，詹姆斯极有可能成为 NBA 历史上最成功的巨星。

2003 年 10 月 29 日（美国时间），骑士客场挑战国王，在萨克拉门托的阿科球馆，18 岁 303 天的詹姆斯迎来 NBA 的处子秀。这场比赛万众瞩目，ESPN 现场直播，数百名记者云集赛场，只为一睹“小皇帝”初到 NBA 将如何开场。

彼时，国王正处于华丽巅峰的尾巴，击鼓传花般默契进攻让“鱼腩”骑士疲于奔命，好在他们如今拥有詹姆斯。“小皇帝”用一己之力对抗萨克拉门托国王，释放充足火力的同时又盘活队友，20 投 12 中，砍下 25 分、9 次助攻、6 个篮板、4 次抢断，詹姆斯的首秀成绩单是如此全能而又美妙。

尽管骑士最终以 92 比 106 不敌国王，但詹姆斯的首秀表现足以震动 NBA。要知道，乔丹生涯处子战不过 16 分，同为高中生出身的加内特只有 8 分，而科比的首秀是 0 分。

詹姆斯凭借出色的首秀奠定了骑士核心地位，尽管彼时球队拥有强力大前锋卡洛斯·布泽尔，有狂悖地认为“骑士选中詹姆斯是来辅佐我的”鬼才得分手里基·戴维斯，有身高 2.21 米的立陶宛中锋“大 Z”伊尔戈斯卡斯，但“小皇帝”君临骑士，克里夫兰已万众倾心，唯皇独尊。

2

2004

少年天子胆气豪

2004 年是詹姆斯发轫的一年，他既在 NBA 赛场夺得最佳新秀，突破两千分大关，又在奥运赛场初尝失败的苦涩，随“梦六”出征雅典仅收获一枚铜牌。

为了确保詹姆斯在球队绝对的核心地位，骑士忍痛割爱，在 2003 年 12 月将里基·戴维斯送往凯尔特人，虽然这位得分鬼才在 2002/2003 赛季贡献场均 20+5+5 的全能数据。

2004 年伊始，詹姆斯渐入佳境。2 月 10 日，他成为 NBA 历史上突破千分大关的最年轻球员；3 月 28 日，对阵篮网，19 岁零 87 天的詹姆斯砍下 41 分，成为 NBA 最年轻的 40+ 球员。

2003/2004 赛季，詹姆斯场均得到 20.9 分、5.5 个篮板、5.9 次助攻，成为继奥斯卡·罗伯特森和迈克尔·乔丹之后，NBA 史上第三位在新秀赛季完成场均 20+5+5 的球员，率领骑士取得 35 胜 47 负的战绩，比上赛季多赢了 18 场球，虽然未进季后赛，但战绩提升明显。

此外，詹姆斯一路包揽了所有东部月最佳新秀球

詹姆斯 2004 年荣耀简表

- 2003/2004 赛季最佳新秀
- 2003/2004 赛季最佳新秀一阵
- 2004 年雅典奥运会男篮铜牌

员，并在赛季评选中击败了同样包揽西部月最佳新秀的安东尼，成为2003/2004赛季的最佳新秀。手捧“白金一代”的最佳新秀奖杯，詹姆斯笑容灿烂，此时的他只有19岁零111天。

新秀赛季的詹姆斯趋于完美，迎来一片赞誉之声，但也有不同的论调。

“勒布朗很优秀”，ESPN专栏作家约翰·霍林格点评道，“但他必须提高自己在外线的得分能力，尤其是跳投环节。”詹姆斯对此表示赞同，他在休赛期为了提升外围投篮的能力，一直在挥汗如雨地刻苦训练。

骑士虽然战绩较上赛季进步明显，但他们取得35胜，与东部第八只差一个胜场。距离季后赛只有一步之遥的结局，让詹姆斯的新秀赛季并不完美。

即便如此，詹姆斯的表现让骑士老板吉尔伯特非常满意，“勒布朗就是这座城市的未来！”

既然詹姆斯为克利夫兰带来曙光，那么骑士就决定大干一场。他们在2004年夏天先后招募来埃里克·斯诺与德鲁·古登，但布泽尔的“背叛”令骑士很受伤，这位在2003/2004赛季场均豪取15.5分、11.4个篮板的两双大前锋以6年8000万美元的大合同转投爵士，虽然之前他曾信誓旦旦地承诺留在克利夫兰。

布泽尔一时间成为骑士的“叛徒”，但NBA就是这样，价高者得之。

詹姆斯在2004年休赛期跟随“梦六队”出征雅典奥运会，一同前往的年轻球员还有安东尼与韦德，组成“白金三少”。这支球队由拉里·布朗执教、邓肯与艾弗森领衔，年轻的“白金三少”并未得到老帅布朗重用，“梦六队”在奥运半决赛遭遇滑铁卢，被吉诺比利领衔的阿根廷队以89比81掀翻，止步决赛之外，最终仅获得铜牌。

初次登上国际舞台，詹姆斯就尝到失利的苦涩，使他懂得天外有天。

2004/2005赛季如期而至，詹姆斯率领骑士开始新征程。常规赛第二场，他就迎来破纪录的一战，在与热火的比赛中，詹姆斯得到21分、6个篮板，生涯总篮板累计达到500个，超越“魔术师”约翰逊成为摘下500个篮板的NBA最年轻球员，当时他仅有19岁零267天。三天后，骑士对阵雄鹿，詹姆斯砍下31分，生涯总得分突破2000分，超越科比，成为NBA史上最年轻的2000分先生。

2004年12月30日，詹姆斯迎来自己20岁的生日。虽然仅仅20岁，但詹姆斯已经是骑士领袖、联盟招牌、球迷心中名副其实的“小皇帝”。

因为詹姆斯的到来，骑士从边缘球队一跃成为联盟热门，速贷球馆也云集了世界各地慕名而来的球迷，他们只想一睹“小皇帝”的真容。

3

2005

单骑难成帝王业

2005年，詹姆斯成为NBA史上最年轻的“三双”与50+球员，并首次入选全明星（首发）。在NBA征战第三年的“小皇帝”已从一颗冉冉升起的新星蜕变成光芒万丈的帝王星，但连续第三年没能率领骑士挺进季后赛的尴尬履历，也让詹姆斯背负了巨大的压力与质疑。

2005年1月20日，骑士对阵开拓者，20岁零20天的詹姆斯拿下27分、11个篮板、10次助攻，超越了拉马尔·奥多姆（20岁零54天），成为NBA史上最年轻的三双先生。

2005年2月21日，丹佛全明星正赛，詹姆斯首次代表东部明星队亮相，从此拉开了连续18届全明星首发的序幕。“白金一代”的詹姆斯与韦德联袂入选东部队，而他们对面的西部队中却没有“东道主”安东尼。

詹姆斯在全明星首秀中表现不俗，13投6中，得到13分、8个篮板、6次助攻，助阵东部队取得胜利。

2005年3月21日，20岁零80天的詹姆斯对阵猛龙时36投18中，罚球15投14中，狂砍56分，超越里克·巴里，成为NBA历史上最年轻的50+先生，老巴里曾在21岁

詹姆斯2005年荣耀简表

- 2005 年丹佛全明星赛首发
- 2004/2005 赛季最佳阵容二阵
- 2005 年全球百大影响力人物

零 261 天的年纪砍下 57 分。

2004/2005 赛季战罢，詹姆斯出战 80 场，场均得到 27.2 分、7.4 个篮板、7.2 次助攻、2.2 次抢断，投篮命中率 47.2%，三分球命中率 35.1%，首次入选了赛季最佳阵容二阵，率领骑士取得 42 胜 40 的战绩，与篮网持平，但交锋骑士时以 1 比 3 落败后，只能目送篮网搭上季后赛的末班车，骑士再次被挤到东部前八之外。

詹姆斯纵然神勇，但环顾彼时骑士的其他球员：斯诺、古登、瓦莱乔、帕夫洛维奇、伊尔戈斯卡斯……阵容的天赋与上限都不高，骑士的成败全系于詹姆斯一人身上，彼时的他在打完本赛季时才只有 20 岁零 111 天，并成为 NBA 史上第二位单赛季拿下 27 分、7 个篮板、7 次助攻、2 次抢断以上的球员，另一位是 26 岁的乔丹。

詹姆斯的惊才绝艳与骑士的寻常战绩形成鲜明对比，克利夫兰痛定思痛，决定在 2005 年休赛期招兵买马，为詹姆斯增添得力帮手。他们以 5 年 7000 万美元的重金将拉里・休斯招至麾下。他是 2004/2005 赛季的抢断王，而且场均能砍下 22 分。

骑士还将唐耶尔・马绍尔、达蒙・琼斯两个名射手网罗阵中。马绍尔在 2005 年 3 月刚刚创造单场命中 12 记三分球的 NBA 新纪录，而琼斯在 2004/2005 赛季三分球命中率高达 43%。此外，骑士又聘请了马刺系 35 岁的麦克・布朗担任新主帅。

休斯可以成为詹姆斯身边的二当家，马绍尔与琼斯则成为御前的两杆火枪，布朗教练带来马刺的防守理念以及团队协作，又打造了突出詹姆斯核心的巨星战术。

2005/2006 赛季开启，秉承着“防守赢得总冠军”的迈克・布朗教练，如同给跃马出征的骑士穿上一层重甲。披坚执锐的克利夫兰人终于蜕变成诸强忌惮的狠角色。

有了休斯负责控球，詹姆斯可以专注得分，他纵马挥枪，在揭幕战上砍下 31 分，并得到2次抢断，率领骑士击退黄蜂，终于拿下他在NBA的首个赛季“开门红”。

进入11月份，詹姆斯更是随心所欲，完成一波连续高光表演之后，在11月场均得到28.4分、6个篮板、4.2次助攻，毫无悬念地拿下东部月最佳。

进入12月，骑士遭遇一波连败。12月11日，骑士在客场以106比111惜败于雄鹿，纵然詹姆斯砍下本赛季最高的52分，却依然无法换来一场胜利。

否极泰来，詹姆斯与休斯之间关于球权找到共融之道后，骑士回到正轨，打出一波6连胜。奔赴迈阿密，面对韦德领衔的热火，詹姆斯贡献41分、10次助攻，率领骑士带走胜利。然而，好景不长，休斯因伤病被迫休战，缺少这位主力控卫，骑士陷入紊乱期，连正常的排兵布阵都困难了。

4

2006

风云际会扶摇变

2006 年是众神云集、各显神通的一年。科比以单场 81 分掀起得分狂潮，詹姆斯也不遑多让，1 月 21 日，对阵爵士交出 51 分、8 次助攻的华丽成绩单，一举超越生涯总得分 5000 分。

2006 年 2 月 16 日，骑士对阵凯尔特人，詹姆斯和皮尔斯联袂上演东部小前锋的巅峰对决。虽然“真理”轰下生涯最高的 50 分，但“小皇帝”还是笑到最后，他用 43 分、12 个篮板、11 次助攻的豪华大“三双”力压“真理”，率领骑士历经双加时赛，以 113 比 109 击败凯尔特人。

2 月 19 日，休斯敦全明星正赛打响，詹姆斯得到 29 分、6 个篮板，率领东部队完成 21 分的大逆转，以 122 比 120 险胜西部队，他也力压“东道主”麦迪的 36 分，收获首座全明星赛 MVP 奖杯。自此，21 岁零 51 天的詹姆斯成为 NBA 史上最年轻的全明星 MVP。

进入 3 月之后，詹姆斯就像一列冲向峰顶的高速列车，拖着骑士不停狂奔。3 月 23 日对阵山猫，詹姆斯豪取 37 分、11 个篮板、12 次助攻的大三双，开启一波连

詹姆斯 2006 年荣耀简表

- 2006 年休斯敦全明星赛首发
- 2006 年休斯敦全明星赛 MVP
- 2005/2006 赛季最佳阵容一阵
- 2005 年男篮世界杯铜牌

续 9 场得分 35+ 狂飙之旅。

4 月 2 日，骑士对阵热火，詹姆斯与韦德联袂上演一场“白金一代”的巅峰对决，将这波狂飙之旅推向高潮。此役，“小皇帝”砍下 47 分、12 个篮板和 9 次助攻。“闪电侠”以 44 分回敬，并在第四节独得 21 分。虽然骑士最终以 106 比 99 战胜热火，但这场比赛中，詹姆斯与韦德都是胜利者，他们联手打出赏心悦目的旷世对飙，为世人呈现一场美轮美奂的“皇侠交锋”大戏。

2005/2006 赛季战罢，詹姆斯场均贡献 31.4 分、7.0 个篮板、6.6 次助攻，率领骑士取得 50 胜 32 负的优异战绩，高居东部第四，骑士也凭此时隔七年之后重返季后赛。

31.4 分是詹姆斯职业生涯赛季场均的最高得分，他还是 NBA 历史上赛季场均得分 30+ 最年轻的球员。此外，詹姆斯还连续 9 场得分 35+，自 1970 年代起，只有乔丹和科比完成过如此壮举。

在常规赛 MVP 评选中，詹姆斯仅排在纳什之后，位列第二位，并入选最佳阵容一阵。NBA 没有人在 21 岁时能表现得如詹姆斯这样强大，但詹姆斯还未达到完美，因为他还没有在季后赛上证明自己。

2006 年，詹姆斯打出赛季场均巅峰数据之后，终于迎来了个人的首次季后赛之旅，这是他 NBA 生涯的第三个赛季以及第四个年头，一切看似姗姗来迟，但并不晚，因为由此拉开了他连续 16 年季后赛之旅的华丽序幕。

2006 年 4 月 23 日，骑士终于在主场迎来了自 1998 年以来第一场季后赛，对手是“三个火枪手”阿里纳斯、贾米森、卡隆·巴特勒领衔的奇才。

最终，骑士以 97 比 86 战胜奇才，詹姆斯在季后赛首秀中豪取 32 分、11 个篮板、11 次助攻。成为继约翰尼·麦卡锡及“魔术师”约翰逊之后，NBA 历史上第三位在首场季后赛比赛即取得“三双”的球员。

骑士在首轮第二场负于奇才，大比分被扳成 1 比 1 平。第三场转战华盛顿，詹姆斯独砍 41 分，创骑士球员单场季后赛得分新纪录，率队以 97 比 96 险胜奇才。被攻陷客场之后，奇才知耻而后勇，以 106 比 96 击败骑士，拿下第四场，双方战成 2 比 2 平。

2006 年 5 月 4 日，骑士与奇才迎来第五场“天王山之战”，双方鏖战至加时赛。

加时赛结束前 3.6 秒，阿里纳斯两罚全中，奇才以 120 比 119 领先。“大将军”已经砍下 44 分，此战志在必得。然而詹姆斯随后突破上篮命中，在最后 0.9 秒完成绝杀，

骑士以121比120险胜奇才。此战阿里纳斯独砍44分，但遇到了豪取45分、7个篮板、6次助攻詹姆斯，无奈成为“天王山之战”的“空砍将军”。

2006年5月6日，首轮第六战，骑士客场挑战奇才，阿里纳斯轰下36分、11次助攻，并在常规时间用一记三分追平比分，双方再次进入加时赛。

加时赛最后时刻，奇才以113比112领先，并且阿里纳斯获得两次罚球机会。

他第一罚没有进，当准备第二罚时，詹姆斯对他沉声耳语，随后阿里纳斯第二罚竟然也没进。对于罚球命中率超80%的“大将军”而言，两罚不中，简直无法想象。

随后骑士抓住天赐良机，詹姆斯持球遭遇夹击，迅速传球给拉里·休斯，休斯旋即传给埋伏在底角的达蒙·琼斯，自封“宇宙第一射手”的琼斯不辱使命，接球后跳投命中，一箭穿心，骑士114比113险胜奇才，以总比分4比2淘汰对手，晋级东部半决赛。

此战詹姆斯全场砍下32分、7个篮板、7次助攻，最后时刻对阿里纳斯的那句耳语堪称“杀人诛心”，致使后者第二罚球不中，丢掉胜局。

关于那段耳语，已经成为阿里纳斯一段挥之不去的梦魇，事后他回忆道：“詹姆斯说的是，‘如果你错过这次罚球，那么你就会知道谁会投中制胜球。’”

率领骑士击败奇才，詹姆斯在自己生涯的首轮季后赛中留下恢宏的一笔：6场比赛，5场得分30+，两场40+，场均得到35.7分、7.5个篮板、5.7次助攻，外加两次绝杀、一次策动绝杀。他对面的阿里纳斯场均也砍下34分，伟大的对手促成伟大的名局。

进入东部半决赛，骑士面对的是“底特律五虎”（比卢普斯、汉密尔顿、普林斯、拉希德·华莱士、本·华莱士）领衔的活塞——东部最强球队。

活塞此前连续两年杀入总决赛，在2004年掀翻“F4”担纲的湖人，“OK组合”自此分道扬镳。2005/2006赛季，活塞取得64胜（联盟最佳战绩），锁定季后赛的主场优势。

活塞把铁血强悍的团队篮球运用到完美，而詹姆斯拥有澎湃无限的个人才华，一场顶尖团队与巅峰个人的极致对决，两种迥异风格的直面对撞，给人强烈的视觉震撼。

CLEVELAND
23
PISTONS
1

活塞率先赢下两场，此后风云突变，骑士在詹姆斯强势率领下，连扳三阵，以 3 比 2 拿到赛点。2006 年 5 月 20 日，背水一战的活塞展现出老牌强队的坚韧与老辣，以 84 比 82 艰难地击败骑士，拿下第六场的胜利。

2006 年 5 月 22 日，“抢七大战”在马达轰鸣的底特律奥本山宫殿打响，面对活塞的钢铁防线，骑士已成强弩之末，在奥本山宫殿以 61 比 79 惨败于活塞，总比分以 3 比 4 被对手淘汰出局。纵然詹姆斯砍下 27 分、8 个篮板，也无法率领骑士飞跃“奥本山”。

这一幕亦如当年乔丹和活塞的戏码，超凡入圣的天才几乎以一己之力把蓝领魔宫打得粉碎，但最后还是被反噬了。虽然骑士无缘东部决赛，但詹姆斯的表现颇为惊艳，他在首次季后赛之旅中，交出场均 30.8 分、8.1 个篮板、5.8 次助攻的优秀成绩单。

2005/2006 赛季，年仅 21 岁的詹姆斯更上一层楼，展现出联盟顶级巨星的实力，并书写辉煌篇章。骑士老板丹尼尔·吉尔伯特做梦都想让“小皇帝”留在克里夫兰，除了百年难得一遇的天赋外，詹姆斯身上拥有无穷的商业价值。

2006 年 7 月 19 日，骑士为詹姆斯奉上 4 年 6000 万美元的大合同，希望“小皇帝”率领这支家乡球队再创辉煌，去夺得那尊总冠军奖杯。骑士队本想为詹姆斯提供一份更大的合同（5 年 8000 万），但“詹姆斯”还是选择了这份 3+1 合同，这样就意味着 2009/2010 赛季结束后，他有权选择自己的未来方向。

2006 年夏天，詹姆斯还与韦德、安东尼作为联合队长，一同率领“梦七队”征战日本篮球世锦赛。这支“梦七队”云集了 NBA 的一干青年才俊，除了三位联合队长，还有保罗、波什、霍华德和辛里奇等年轻球员，当然也不乏巴蒂尔和布兰德这样的老戏骨。

“梦七队”在半决赛不敌希腊，最终只获得铜牌。詹姆斯表示：“没能夺冠无疑让人失望，但我们相信在 2008 年的北京奥运会，美国队会赢回一切。”

2006/2007 赛季，詹姆斯率领骑士卷土重来，此时队员少了上赛季浴血奋战的激昂，达蒙·琼斯灵光不在，拉里·休斯也乏善可陈，其他如古登、大 Z、瓦莱乔、马绍尔、帕夫洛维奇等球员也不温不火。这是一支实力平平的球队，还缺乏激情，好在阵中拥有一位 21 岁、正在上升期的詹姆斯。这是一位旷世的天才，即便上赛季他已打出世所罕见的“现象级”篮球，但他还有上升的空间与实力，因为他的强大超越世人的想象。

彼时的“小皇帝”如旭日东升，光芒万丈，迸发出不可阻挡的崛起力量，照耀天地一片金辉，令东部诸强不敢注目。他将以一己之力率领骑士开启一段辉煌征程。

5

2007

东决飞越奥本山

2007 年是詹姆斯职业生涯浓墨重彩的一年，除了单核率领骑士历史性杀入总决赛之外，他还在东部决赛“天王山之战”的决胜阶段连得 25 分，以一己之力摧毁雄霸东部的活塞王朝，这个壮举是他早期超强统治力的一个缩影，也是生涯最具代表性的名场面之一。

进入 2007 年，詹姆斯率领骑士稳步向前，他已经是联盟中最炙手可热的巨星之一了，并以 2516049 票首次当选 2007 年全明星“票王”。

2007 年 2 月 19 日，NBA 全明星赛在拉斯维加斯这座无主之城（这里没有 NBA 球队）进行。作为上届 MVP，詹姆斯志在卫冕，而对面站着巅峰科比。“皇侠”开启对飙模式。

“小飞侠”砍下 31 分，“小皇帝”拿下 28 分、6 次助攻。最终西部明星队以 153 比 132 大胜东部明星队，科比荣膺全明星 MVP。

虽然未能卫冕，但詹姆斯内心毫无波澜，因为他有更高的目标去追寻。

2007 年 3 月 15 日，骑士轻取灰熊。22 岁零 74 天的詹姆斯砍下 29 分，成为 NBA 总得分达到 8000

詹姆斯 2007 年荣耀简表

- 2007 年拉斯维加斯全明星赛首发
- 2006/2007 赛季最佳阵容二阵
- 2007 年东部联盟冠军
- 2007 年ESPY 最佳 NBA 球员

分的最年轻球员。4 月 7 日，詹姆斯突破了总分 8000 分、2000 个篮板和 2000 次助攻的里程碑，他用了 368 场完成这一成就，成为 NBA 达到这个标准线的最年轻球员。

2006/2007 赛季常规赛战罢，詹姆斯场均得到 27.3 分、6.7 个篮板、6 次助攻，虽然各项数据较上赛季均出现小幅缩水，但并不妨碍他率领骑士再次挺进季后赛。

骑士在此赛季收获 50 胜，排名东部第二，排名第一的依旧是活塞。

2007 年季后赛，骑士遇到的对手简直就是上一年的翻版，首轮他们依然遇到奇才，不过这次是没有卡隆·巴特勒和阿里纳斯的奇才，二人均因伤缺阵。“三个火枪手”未战先折其二，贾米森独木难支，詹姆斯率领骑士以总比分 4 比 0 横扫奇才，轻松过关。

东部半决赛，克利夫兰骑士遇到新泽西篮网的挑战，彼时篮网拥有“三叉戟”基德、卡特、杰弗森，进攻火力极其迅猛与强悍。

基德堪称当时东部最出色的指挥官，曾经率领篮网两进总决赛；卡特更是“四大分卫”之一，一度是飞天遁地的灌篮大神，可惜他们都老了，阻挡不住“小皇帝”进击的脚步。六场战罢，詹姆斯场均得到 24.7 分、7.3 篮板、8.5 助攻，其全能表现完胜“三双王”基德，率骑士以总比分 4 比 2 淘汰篮网，挺进东部决赛。球队被淘汰，基德对于詹姆斯感叹不已：“他能得分，能抢篮板，能传出致命球，他无所不能。”

不是冤家不聚头，东部决赛，横亘在詹姆斯与骑士面前的依旧是活塞，那也是去年击败他们的球队。欲当王者，必须击败所有强大的对手，詹姆斯深谙此道。

机器轰鸣的汽车城锻造出宛如机甲部队一般的底特律活塞，冷酷、严密而又刻板无趣，崇尚团队精神，并拥有扼杀英雄主义的传统，从“坏小子”军团连续多年封锁乔丹，到巅峰一战让紫金“F4”梦碎，如今，“活塞五虎”又一次企图挡住詹姆斯。全世界都期待英雄加冕，而活塞当起了扼杀英雄的反派，关于这一点，他们丝毫不介意。

东部决赛前两战，詹姆斯在奥本山宫殿遭遇活塞设下的天罗地网，在联盟顶级的防线面前，“小皇帝”手感冰凉，两场共记 34 投仅 12 中，35% 的命中率不足以率领骑士在客场取胜。前两战皆败，骑士陷入谷底，詹姆斯也遭遇到前所未有的质疑。

在一片凄风苦雨中，詹姆斯选择披坚执锐，亲自去击溃强大的对手。

2007 年 5 月 28 日，东部决赛第三场，詹姆斯在速贷中心球馆全面发威，砍下 32 分，并贡献 9 个篮板、9 次助攻，率领骑士以 88 比 82 击败活塞，捍卫了主场。

接下来的第四场，詹姆斯又砍下 25 分，率领骑士再下一城，将总比分扳成 2 比 2。

2007 年 6 月 1 日，东部决赛第五场，骑士奔赴奥本山宫殿挑战活塞，“天王山之战”就此打响。这是一场注定要载入史册的比赛，是詹姆斯步入超级巨星的里程碑之战，也是活塞王朝轰然坍塌的毁灭一役，给联盟今后的格局与运势都带来了深远的影响。

在 NBA 的官方评选中，詹姆斯这场“天王山之战”与科比的单场 81 分并列，分别称为 20 世纪 00 年代 10 年间季后赛、常规赛的最佳单场个人表演。这一战持续焦灼，詹姆斯率领资质平平的骑士与“东部第一钢铁雄师”活塞能够战至“天王山”，这已经堪称奇迹，然而还有更神奇的一幕发生！

第四节还剩 2 分 17 秒，詹姆斯命中三分球。终场前 31 秒，詹姆斯突入篮下一记暴扣反超，然后活塞冲入篮下得分，将比分扳平，进入加时赛。首个加时赛，詹姆斯通过连续强突杀伤，率领骑士与活塞周旋，双方战至 100 平，比赛进入第二个加时赛。

詹姆斯在第二个加时赛弹无虚发，接连命中高难度的急停和强拔投篮，进入神明境界的“小皇帝”已经无法阻挡，即便面对活塞全队的防守，他依然在最后 2.2 秒滑翔上篮，命中绝杀球，骑士在客场以 109 比 107 险胜活塞。

鏖战两个加时赛，詹姆斯全场 33 投 18 中，砍下季后赛新高的 48 分，并得到 9 个篮板、7 次助攻、2 次抢断，他还包揽了骑士最后 30 分的 29 分，其中包括一波连得 25 分的个人狂飙，直接击碎了活塞那引以为傲的钢铁防线。此役过后，活塞一蹶不振。

“这场失利让我们有种前所未有的挫败感。”比卢普斯沮丧地说。

而汉密尔顿依旧无法相信：“我不认为他能以一己之力击败我们，但他竟然连得 25 分，我们却束手无策！”活塞输掉“天王山之战”之后士气低落，而骑士在詹姆斯的强势率领下一鼓作气赢下第六场，以总比分 4 比 2 淘汰活塞，进入总决赛。

从某个层面上说，詹姆斯的超强表现终结了“活塞王朝”，正是因为詹姆斯的连续得分，令活塞暴露出“锋无力”的窘境。底特律决心打造进攻之刃，不惜用“王朝基石”比卢普斯换来“得分王”艾弗森，从此，活塞在不断变阵中迷失自我，赖以称霸的铁血防守绝迹江湖，曾经显赫一时的“活塞王朝”也消逝在岁月中。

“天王山之战”让詹姆斯的巨星成色有了显著提升，他独砍 48 分连得 25 分的壮举

已经成为NBA季后赛史上最激动人心的个人表演之一，从此讨论NBA伟大巨星的时候，詹姆斯必是其中之一。

率领骑士越过奥本山，踏着活塞登上东部之巅，詹姆斯也首次捧起东部冠军奖杯。

挺进总决赛，詹姆斯遇到更强大的对手——马刺。克利夫兰人首次进入总决赛，而圣安东尼奥人已经是这里的常客，他们已三夺总冠军，“GDP组合”（邓肯、帕克与吉诺比利）领衔的这支黑铁王师所向披靡，并沿袭着“奇数年夺冠”的传统。他们有稳如磐石的“石佛”，有灵动犀利的“跑车”与“妖刀”，甚至还有单兵防守专家鲍文，马刺在波波维奇的指挥下，成为傲视群雄的铁血王师。

2007年总决赛，面对攻防两端都比活塞更为强大的马刺，詹姆斯没有延续东部决赛的神奇。鲍文“牛皮糖”贴防在前，马刺重兵围堵在侧，成功地限制了“小皇帝”的发挥。

四场比赛战罢，马刺以4比0击败骑士，夺得又一个“奇数年”的总冠军。

詹姆斯在总决赛场均仅得22分，并有6次失误，命中率低至35.6%。在这种高端局，他的帮手实在太少，在马刺全军围堵下，年仅22岁的“小皇帝”无力回天。

总冠军失利之后，邓肯在詹姆斯耳旁的低语：“未来是你的。”连一向内敛的“石佛”都不禁给予“小皇帝”赞许与肯定，当然，此话也被解读为安慰性的寒暄。

虽然总决赛失利，但詹姆斯率领骑士登上东部之巅，雄姿英发、俯瞰天下。

记得有一名专家曾预言：“千万不能让詹姆斯战胜活塞，否则他会统治东部至少十年。”而如今，詹姆斯率领骑士淘汰活塞，他的东部之路能否一马平川?

答案是：暂时不能。因为在2007年的夏天，东部变了天。

2007年夏天，“狼王”加内特、“君子剑”雷·阿伦纷纷东游，与“真理”皮尔斯齐聚波士顿，凯尔特人“三巨头”横空出世，深深地震撼了整个联盟。

自此，总冠军出现了最大的热门，而詹姆斯也遇到更为强大的新对手。

2007/2008赛季，刚到第三场，骑士“二当家”休斯因伤病缺席接下来的比赛，詹姆斯被迫大包大揽。对阵魔术，他拿下39分、13个篮板、14次助攻。两天后对爵士，他又狂砍40分。11月22日对森林狼，他轰进6记三分球，得到45分。

整个11月，詹姆斯场均砍下32分、7.7个篮板、8.4次助攻。在如此高强度的连续作战之后，钢筋铁骨的詹姆斯也因伤缺阵了，骑士随即遭遇一波六连败。12月12日，詹姆斯被迫复出，率队止住颓势，在圣诞节之前，骑士的战绩是12胜16负。

6

2008

孤骑冰火两重天

2008年，詹姆斯遭遇冰火两重天。在个人荣誉上他收获颇丰，荣膺全明星MVP、加冕赛季得分王，但他没能率领骑士突破凯尔特人的封锁，止步于东部半决赛，与波士顿“三巨头”的球队七番鏖战，足以令风云变色，

詹姆斯 2008 年荣耀简表

- 2008 年新奥尔良全明星赛首发
- 2008 年新奥尔良全明星赛 MVP
- 2007/2008 赛季得分王
- 2007/2008 赛季最佳阵容一阵
- 2008 年北京奥运会男篮金牌

写尽了一位单核雄主的孤单与悲怆。

虽然在 NBA 赛场遭遇失利，但詹姆斯在国际赛场战果圆满，他随“梦八队”参加北京奥运会并夺得金牌，在前两次随“梦之队”夺冠未果之后，詹姆斯终于在 2008 年的夏天实现了国际赛场夺金诺言。

进入 2008 年之后，詹姆斯开启了“全力詹”模式，终于将羸弱的骑士扶上正轨，他在 1 月份场均贡献 30 分、8 个篮板、7 次助攻的“准三双”数据。

2008 年 2 月 18 日，詹姆斯在新奥尔良全明星赛得到 27 分、8 个篮板和 9 次助攻，率领东部明星队以 134 比 128 击败西部明星队，并再次捧起全明星 MVP 奖杯。

在“蜂王”的地盘上，保罗的 16 分、14 次助攻成为皇者加冕的华丽注脚，詹姆斯第二次上演力压东道主夺得全明星 MVP 的戏码，上一次遭此霉运的东道主是 2006 年休斯敦全明星赛的麦迪。

在全明星周末期间，骑士送出古登、休斯、香农·布朗和马绍尔，得到本·华莱士、乔·史密斯、德隆特·韦斯特和斯泽比亚克。

本·华莱士曾是四届最佳防守球员，乔·史密斯是1995年的状元，斯泽比亚克也曾是全明星级别神射手。如果他们正值盛年来辅佐詹姆斯，那么骑士也许能无敌于天下，可惜他们都老了，骑士还是需要詹姆斯独力引领前进。

更尴尬的是，折腾半天，骑士终于摆脱了高薪低能的“鸡肋”休斯（二号持球手），却回到了原点——克利夫兰再次只剩下詹姆斯一个强力持球点。

詹姆斯被迫再次大包大揽。3月6日，骑士客场挑战尼克斯，詹姆斯在麦迪逊广场花园球馆轰下50分，并送出8个篮板、10次助攻，率领骑士以119比105轻取对手，一向挑剔的纽约球迷集体起立，为詹姆斯送上“MVP”的助威声。

3月22日，骑士在主场以111比108战胜猛龙。詹姆斯砍下29分，以10414的总得分超过布拉德·多赫蒂的10389分，成为骑士队史得分王。

詹姆斯能以其伟大的表现征服了客场球迷，却无法率领孱弱的骑士实现突破，2007/2008赛季常规赛结束，骑士战绩仅为45胜37负。詹姆斯虽然场均取得30分、7.9个篮板和7.2次助攻的豪华数据，却因球队战绩不佳，无缘常规赛MVP，这项桂冠被科比摘得。

在“23 PK 24”的角逐中，詹姆斯显然不能让科比专美，“小皇帝”以场均30分夺得个人生涯的首个得分王，搅扰了“小飞侠”得分王三连庄的好戏。显然这次比拼只是“皇侠”争霸的小插曲，所有人都希望在总决赛的舞台上看到23PK24的大戏。

2008年季后赛首轮，骑士再次遇到老对手奇才，两队三年三遇可谓彼此知根知底。兵不血刃，詹姆斯率领骑士先赢两场。第三场骑士在华盛顿的威瑞森中心球馆遭遇失利，第四场，凭借最后6秒韦斯特的一记三分球命中，骑士在客场有惊无险地以100比97战胜奇才，詹姆斯砍下34分、12个篮板、7次助攻，并策动了最后的那记绝杀球。

骑士以3比1拿到赛点，回到克利夫兰准备赢下比赛，进军第二轮。然而，卡隆·巴特勒在最后3.9秒上篮得手完成绝杀，奇才以88比87险胜骑士。此役骑士在最后1分47秒还领先5分，詹姆斯在下半场独得24分、全场豪取34分，无奈成为“空砍帝”。

大意失荆州，骑士不会第二次大意。5月3日，转战华盛顿，詹姆斯砍下27分、13个篮板、13次助攻的豪华“三双”数据，率领骑士摧枯拉朽般击溃奇才，以105比88

的悬殊比分赢下第六场的胜利，以总比分 4 比 2 淘汰对手，挺进东部半决赛。

自此，骑士和奇才在崛起路上“三年三遇”的纠缠式对决，落下帷幕。

东部半决赛，骑士没有遇到老对手活塞，却遇到了更为棘手的凯尔特人。

2007/2008 赛季，“三巨头”皮尔斯、加内特和雷·阿伦联袂率领凯尔特人写就了一部王朝中兴的“绿衫”神话。他们开季即打出一波惊人的 8 连胜，之后又亲手终结了火箭的 22 连胜。2007/2008 赛季，凯尔特人打出 66 胜的显赫战绩，傲居联盟第一。

凯尔特人不仅矛利，而且盾坚。季后赛首轮，凯尔特人与老鹰鏖战到“抢七大战”，并在第七场打出总冠军级别的防守，让老鹰只得到 65 分，最终以 99 比 65 淘汰对手。

东部半决赛，凯尔特人“三巨头”围战詹姆斯，演绎了一场 NBA 版“三英战吕布”的大戏，不同的是，詹姆斯固然拥有吕温侯的盖世神勇，但他身边没有张辽、高顺这样的将领辅佐，所以他将孤胆英雄的戏码诠释得更加纯粹。

前两场骑士两战皆墨，詹姆斯领教到凯尔特人的总冠军级别防守，在对手牛皮糖式的死缠之下，他罕见地出现连续两场投篮失准，第一场 18 投 2 中，第一场 24 投 6 中。

前两场限制“小皇帝”总 42 投只有 8 中，皮尔斯颇为得意，“如果我们按既定目标，成功限制住了勒布朗，那么击败骑士就不费力。”

詹姆斯回应道：“我经历过类似的困境，不会因此沮丧，会努力走出去困境。”

回到主场后，骑士同样用高强度的防守回击对手，詹姆斯表现神勇，率队连续赢下第三场与第四场，詹姆斯在两战合计收获 42 分、11 个篮板、21 次助攻，考虑到两队进行的是低得分的防守大战，能取得这样的数据殊为不易。双方在前四场战至 2 比 2 平。

扳回两城之后的骑士再次开赴波士顿，詹姆斯在第五场“天王山之战”砍下 35 分，但仍然没能率队在北岸花园球馆取得胜利。

2008 年 5 月 17 日，东部半决赛第六场在克利夫兰的速贷中心球馆打响。詹姆斯砍下 32 分、12 个篮板、6 次助攻，骑士三军用命，将凯尔特人命中率限制到 4 成以下，最终骑士以 74 比 69 战胜对手。自此，双方都守住了主场，但都输掉了客场。

总比分 3 比 3，骑士与凯尔特人进入“抢七大战”。

5 月 19 日，在 TD 北岸花园球馆进行的“抢七大战”成为历史上又一次经典的对飙。詹姆斯与皮尔斯，两位东部顶级小前锋杀得天昏地暗。最终，詹姆斯 29 投 14 中，其中三分球 11 投 3 中，罚球 19 投 14 中，砍下全场最高的 45 分，并贡献 5 个篮板、6 次助攻、2 次抢断。皮尔斯也独砍 41 分予以回应。这样的“神仙打架”让人不禁想起 1988 年“大鸟”伯德（34 分）与“人类电影精华”威尔金斯（47 分）的巅峰对决。

一场英雄间的经典对决之后，凯尔特人还是凭借阵容优势与主场之利，97 比 92 战胜骑士，以总比分 4 比 3 淘汰对手，涉险过关进入东部决赛。詹姆斯率领骑士冲击总冠军，再一次铩羽而归。他虽然拿到得分王，又刷新了一连串最年轻纪录，但在巨头联手的时代，他只能独自扛着克里夫兰的大旗前行，没有得力助手，也看不到些许曙光。

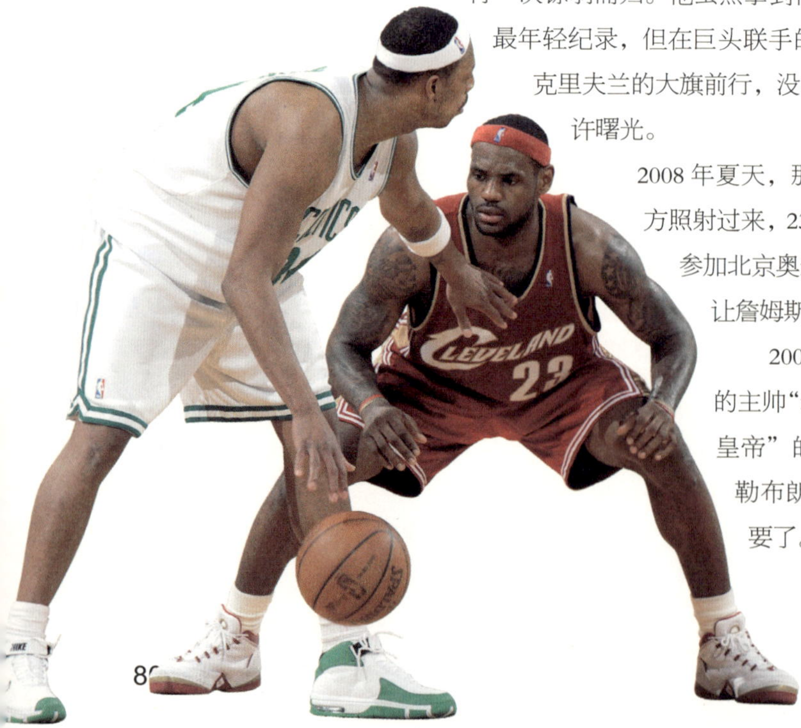

2008 年夏天，那缕曙光还是从遥远的东方照射过来，23 岁的詹姆斯随“梦八队”参加北京奥运会，并最终夺得金牌，让詹姆斯重新提振了士气。

2008 年奥运期间，“梦八队”的主帅“老 K”教练毫不掩饰对“小皇帝”的信任，“不用去考虑，勒布朗对于这支球队来说太重要了。”

“科比是我们的 MVP，

但我才是梦八的领袖。”詹姆斯面对媒体非常自信，而在球场上他也是这样做的，在那支星光璀璨的“梦八队”中，詹姆斯场均贡献 15.5 分、5.3 个篮板、3.8 次助攻和 2.4 次抢断，是仅次于韦德的二号得分手，也是表现最全面的球员。

经过 8 场奥运男篮比赛，2008 年 8 月 24 日，美国以 118 比 107 战胜西班牙，获得第 29 届北京奥运会男篮冠军，詹姆斯在这场决赛中得到 18 分、7 个篮板。

“梦八队”肩负着救赎使命，而詹姆斯同样要实现自己的诺言。在跟随“梦之队”在 2004 年悉尼奥运会和 2006 年日本男篮世锦赛连续冲击冠军未果之后，詹姆斯曾说出必将在国际赛场夺金的誓言。在北京奥运会，詹姆斯终于拿到了国际大赛上的第一个冠军头衔，这也让他有了更充足的动力去追逐总冠军。

2008 年 8 月 14 日，詹姆斯还在北京为金牌奋战时，骑士通过交易得到了雄鹿控卫莫·威廉姆斯，一位上赛季得到 17.2 分、6.3 次助攻的准全明星控卫。骑士终于为詹姆斯找到一位还算称职的帮手。新赛季阵容是：小莫与韦斯特组成灵动精准的“后场双枪”，激情无限的瓦莱乔伺机提供能量，加上前“蓝领防守王”本·华莱士，以及斯泽比亚克、乔·史密斯这种跳投型球员，骑士也可以灵动如风，终于不再是进攻缓慢的重装步兵了。

伴随着奥运冠军的喜悦，詹姆斯率领其实开启了 2008/2009 赛季的征程。

整个 11 月份，詹姆斯场均得到 28.6 分、7.1 个篮板、6.2 次助攻，投篮命中率为 49.7%，率领骑士豪取一波 8 连胜。之后的骑士又取得一波 11 连胜，在 2008 年结束时，他们战绩达惊人的 26 胜 5 负，而且保持主场不败。

2009

伏魔成败一线间

2009 年，是詹姆斯全面爆发的一年，他在麦迪逊篮球圣地豪取 52 分准三双，在整个赛季 3 次单场得分 50+，率领骑士取得 66 胜联盟第一的战绩，首次夺得常规赛 MVP，并一路杀进东部决赛。

2009 年 2 月 5 日，骑士做客纽约，挑战尼克斯。在纽约麦迪逊广场花园，48 小时之前刚刚经历过科比的 61 分洗劫，如今又遇到“小皇帝”詹姆斯的驾临。

与“黑曼巴”偏执于得分不同，“小皇帝”更全能，33 投 17 中，19 罚 16 中，詹姆斯豪取 52 分、9 个篮板、11 次助攻。虽然得分上没有超过科比，但他的数据更全面。

麦迪逊花园广场是天下闻名的“篮球圣地”，詹姆斯在这里完成了 50+ 准“大三双”神迹的表演。

2 月 16 日，科比与奥尼尔在菲尼克斯全明星赛再度联手，合砍 44 分，率领西部队取胜，共同举起 MVP 奖杯。詹姆斯拿下 20 分，他在“OK”组合“渡尽劫波兄弟在，相逢一笑泯恩仇”的戏码中，甘心做起了配角。

2 月 21 日，骑士客场以 111 比 103 战胜雄鹿。詹姆斯全场 29 投 16 中，三分球 11 投 8 中，砍下 55 分、5 个篮板、9 次助攻。

詹姆斯 2009 年荣耀简表

- 2009 年菲尼克斯全明星赛首发
- 2008/2009 赛季常规赛 MVP
- 2008/2009 赛季最佳阵容一阵
- 2008/2009 赛季最佳防守阵容
- 2009 年 ESPY 最佳 NBA 球员

进入3月后，骑士又打出一波13连胜。从3月8日至13日，詹姆斯连续三场取得“三双”。3月14日，詹姆斯又在萨克拉门托砍下51分，率领骑士以126比123险胜国王。

骑士在詹姆斯的强势率领下所向披靡，2008/2009赛季常规赛战罢，詹姆斯场均得到28.4分、7.6个篮板、7.2次助攻、1.7次抢断、1.2次封盖，五项数据全都冠绝全队，展现出绝对统治力。而当他率领骑士取得66胜16负，力压湖人的65胜，成为全联盟战绩最佳的球队时，我们知道，象征常规赛个人最高成就的那项殊荣，已非他莫属。

詹姆斯终于不被骑士战绩所累，获得了职业生涯的首届常规赛MVP。他也成为自2001年艾弗森之后（时隔8年），首位来自东部的常规赛MVP。彼时的詹姆斯只有24岁零125天，是1979年以来最年轻的常规赛MVP。

2009年季后赛第一轮，骑士又碰上了老对手活塞，这是两队四年内第三次在季后赛的舞台相遇。此时的活塞江河日下，“大脑”比卢普斯在2008年远赴丹佛掘金，换来的艾弗森也没有了昔日的锋利。这支昔日称霸东部的铁血之师已没有以往的风骨，沦为一支平庸球队，而这一切还是拜詹姆斯所赐。2007年那场“天王山之战”最后时刻，詹姆斯连得25分，彻底直接击碎了活塞引以为傲的钢铁防线，也击碎了底特律王朝的傲骨。

面对心怀敬畏的活塞，詹姆斯毫不手软，率领骑士干脆利落地以4比0横扫对手，就此结束活塞连续六年打进东部决赛的岁月。

2009年5月5日，半决赛激战之余，联盟颁发2008/2009赛季各项大奖，詹姆斯正式加冕常规赛MVP，并且毫无悬念地入选最佳阵容一阵、最佳防守阵容一阵。

将MVP与双一阵尽收囊中，詹姆斯已成为2008/2009赛季常规赛第一人，但他还需要率领骑士不断前进，在六月份站到总冠军的领奖台上，成为名副其实的联盟第一人。

东部半决赛，骑士的对手是亚特兰大老鹰。这是一支未来感十足的小个阵容球队，灵动、精准的矮个中锋艾尔·霍福德，加上史上最矮“盖帽王”约什·史密斯，以及单打一流但天赋平平的乔·约翰逊，看起来像帕特·莱利预言的“五个前锋在场上飞奔”的未来篮球阵容，但显然不属于现在。

稚嫩的雏鹰抵挡不住巅峰“皇帝”的碾压，四场战罢，詹姆斯率领骑士横扫老鹰，留下譬如34分+10个篮板、47分+8次助攻等王道数据。

詹姆斯率领骑士连续两轮横扫对手，挺进东部决赛，而在西部，科比率领湖人也阔步前行，连克爵士、火箭，虽然过程焦灼，但还是有惊无险地杀入西部决赛。看起来，

众望所归的“23 PK 24”大戏就要在总决赛的舞台上演，但彼此还要过分区决赛这一关。

东部决赛，骑士面对的是“魔兽”霍华德领衔的奥兰多魔术，后者在东部半决赛中4比3淘汰了没有加内特的凯尔特人。

2009年5月21日，东部决赛第一场，首战，詹姆斯30投20中，独砍生涯季后赛新高的49分，却依然阻挡不住全面开花的魔术：霍华德砍下30分、14个篮板，特科格鲁送出14次助攻，刘易斯砍下22分，魔术全队更是投出55%的高命中率。特科格鲁最后时刻跳投命中，魔术以107比106险胜魔术，从速贷中心球馆带走一场胜利。

首战在主场失利，骑士这支防守强队让魔术予取予求，拼尽全力的詹姆斯显然无法接受这个现实，郁闷地说道：“我们打出这样的防守，活该输球。”

2009年5月23日，东部决赛第二场，比赛最后时刻，特科格鲁连得5分，魔术以95比93领先2分，此时比赛只剩最后1秒，骑士请求暂停。

暂停过后，詹姆斯在弧顶接球后立刻出手，面对特科格鲁，命中压哨三分球，骑士96比95绝杀魔术，将总比分扳成1比1平。这记反超比分的三分球成为詹姆斯生涯最伟大的绝杀之一，也是NBA季后赛史上最伟大的名场面之一。

此役，詹姆斯砍下 35 分，并凭借那记高难度绝杀三分球，率领骑士捍卫了主场。

第三场、第四场转战奥兰多，骑士无法攻破魔术的长人阵地，而以霍华德为轴心，引领特科格鲁与刘易斯两大高炮台的澎湃火力，让善于收缩内线防守的骑士苦不堪言。

魔术外线遍地开花，让骑士主帅迈克·布朗束手无策，詹姆斯固然神勇，两战分别砍下 41 分和 44 分，但寡不敌众，魔术在主场连胜两场，以 3 比 1 拿到赛点。

2009 年 5 月 29 日，东部决赛第五场，回到克利夫兰，詹姆斯豪取 37 分、14 个篮板、12 次助攻的“大三双”，率领骑士以 112 比 102 击败魔术，扳回一城。

第六战，魔术没给骑士翻盘的机会，霍华德砍下 40 分，力压詹姆斯的 25 分，以 103 比 90 击败对手，以总比分 4 比 2 淘汰对手，挺进总决赛。

彼时，“魔兽”霍华德被誉为“可以单换詹姆斯的男人”，在与詹姆斯的直接对话中，证明了此言非虚。而詹姆斯率领骑士未能翻过魔术这座大山，止步于东部决赛，未能履行与科比的总决赛“23 VS 24”之约，令无数球迷为之扼腕。

魔术杀入总决赛，遇到的正是科比领衔的湖人。“紫金军团”在西部决赛以 4 比 2 淘汰掘金后，在总决赛上并没有给“魔兽”率领的魔术太多机会，五场战罢，湖人以 4 比 1 击败对手，捧起队史第 15 座总冠军奖杯，科比也如愿荣膺了总决赛 MVP。

科比的成功深深激励了詹姆斯，相比科比身边有加索尔、奥多姆等得力助手，詹姆斯的身边帮手资源有点寒酸。

2008/2009 赛季结束了，24 岁的詹姆斯在这一赛季打出最惊艳的个人表现，但骑士阵容依旧有太多短板，没能染指总冠军。接下来的 2009/2010 赛季，是詹姆斯骑士合同的最后一年，赛季结束后他将成为完全自由球员。为了留住詹姆斯，骑士病急乱投医，在 2009 年休赛期引进 37 岁高龄的“大鲨鱼”奥尼尔。巅峰奥尼尔是 NBA 史上最具统治力与破坏性的中锋，没有之一，可惜已是暮年。

即便如此，“鲨皇组合”依然成为 2009 年夏天 NBA 最令人津津乐道的话题，很多人愿意相信骑士会在新赛季夺冠。然而，一条 37 岁的“大鲨鱼”囤积篮下，如果不能得分，势必会影响詹姆斯的突破空间，并且奥尼尔并不善于为詹姆斯做挡拆。

2009/2010 赛季开启，骑士在揭幕战再负于老对手凯尔特人，姆斯空砍 38 分。这场比赛的失利似乎预示着什么，待这个赛季结束后，就像是一个缩影，这是后话。

詹姆斯在 11 月份均贡献 29 分、6.6 个篮板、7.7 次助攻，率领骑士高歌猛进的同时，他也一直在联盟 MVP 排行榜上领跑。

2009 年 12 月 26 日，骑士队开赴斯台普斯中心挑战湖人，詹姆斯与科比展开“23 VS 24”的圣诞对决，“小飞侠”33 次出手命中 11 球，砍下全场最高的 35 分，詹姆斯贡献 26 分、9 次助攻，率领骑士以 102 比 87 赢下湖人。

NBA
2016
NBA

天下为皇

LeBron James

2010年代

2010年代

迈阿密之两冠时光
热火BIG3时代

Miami Heat

2010—2014

8

2010

皇者南游别克城

2010 年之于詹姆斯有着里程碑般的意义，在这一年的夏天，他告别了效力 7 年之久的克利夫兰骑士，远赴迈阿密，与韦德、波什组成“热火三巨头”。正值当打之年选择“抱团”的决定引起滔天声浪。

在排山倒海的口诛笔伐之中，詹姆斯岿然不动，因为他不想蹉跎岁月，那颗极度渴望胜利的雄心驱动着他不断向前。他要率领热火拿下几个总冠军、垄断几个 MVP，以胜利者的姿态站在巅峰，因为在 NBA 这个世界，唯有胜利者才能青史留名，而四年以后他荣归故里时，的确做到了那一切。

时光进入 2010 年，23 与 24 的对决还在继续。

1 月 22 日，詹姆斯狂砍 37 分，力压科比的 31 分，率领骑士在主场以 93 比 87 击败湖人，完成赛季双杀。

2010 年 2 月 15 日，全明星赛在达拉斯举行。科比因伤缺席，这场比赛成为詹姆斯、韦德与安东尼“白金三杰”的内战。最终詹姆斯砍下 25 分，与韦德联手，力压安东尼（27 分），率领东部队以 141 比 138 险胜西部队。

韦德得到 28 分、11 个篮板的“两双”数据，

詹姆斯2010年荣耀简表

- 2010年达拉斯全明星赛首发
- 2009/2010赛季常规赛MVP
- 2009/2010赛季最佳阵容一阵
- 2009/2010赛季最佳防守阵容

并捧得全明星 MVP 奖杯。值得一提的是，“詹韦”连线在这场比赛中频频闪现，似乎为半年后迈阿密联手埋下伏笔。

2 月 17 日，前全明星球员贾米森加盟骑士，磨合数场之后，骑士轰出一波 13 连胜。常规赛收官阶段，湖人饱受伤病侵袭，凯尔特人陷入年龄老化危机，唯有骑士正值鼎盛，他们拥有金刚不坏的领袖，夺冠似乎只是时间问题。乐观情绪弥漫整个克利夫兰，球迷整日欢腾，球员赛前拍照，在没有登顶前骑士歌舞升平，背后的危机也隐隐浮现。

2009/2010 赛季战罢，詹姆斯出战 76 场，场均得到 29.7 分、7.3 个篮板、8.6 次助攻、1.6 次抢断与 1 次封盖，率领骑士打出 61 胜 21 负的联盟最佳战绩，再度加冕常规赛 MVP。

自此，詹姆斯完成单核率队连续两个赛季打出超 60 胜的无双壮举，连续两年蝉联这个常规赛的最高荣誉，并且连续五个赛季入选最佳阵容一阵。

2010 年季后赛首轮，骑士对阵罗斯领衔的公牛。

前两场骑士在主场连续取胜，詹姆斯在第二场 23 投 16 中，砍下 40 分，贡献 8 个篮板、8 次助攻，并且在外线弹无虚发。第三场转战芝加哥，虽然公牛两分险胜，但詹姆斯依然在风城的联合中心球馆取下 39 分，让公牛球迷仿佛又看到了乔丹。

第四场，詹姆斯再次闪耀联合中心，豪取 37 分、12 个篮板、11 次助攻的大号“三双”，率领骑士以 121 比 98 大破公牛。第五场，新加盟的贾米森递上“投名状”，砍下 25 分，帮助骑士再添一胜，以总比分 4 比 1 淘汰公牛，轻松晋级东部半决赛。虽然兵不血刃，但也留下隐忧：詹姆斯在首轮遭遇右肘韧带撕裂，出战只能依赖于打止痛针。

东部半决赛，横亘在骑士面前的依然是两年前击败他们的凯尔特人，虽然“波士顿三巨头”又老了两岁，但隆多的崛起弥补了“三巨头”的衰退。更重要的是他们拥有严密的防守体系，那种堆积强侧、自如伸缩的防守，非常适合詹姆斯这种持球大核心的球队。

詹姆斯可以在任何防守阵型上制造破绽，但凯尔特人的快速运转防守可以弥补绝大多数破绽。如果当时骑士拥有能在有限破绽中寻觅杀机的球员，那么完全能与凯尔特人殊死一战，可问题是一个也没有，那时詹姆斯的身边没有韦德与欧文。

即便如此，但詹姆斯还是拥有一种超乎想象的能量。东部半决赛第一场，他砍下 35 分，贡献 7 个篮板、7 次助攻、3 次抢断，率领骑士在主场击败凯尔特人。

2010 年 5 月 4 日，东部半决赛第二场，詹姆斯在速贷中心球馆捧起常规赛 MVP 奖杯。然而，在这场王者加冕战中出现另一个极端，骑士以 86 比 104 惨败给凯尔特人。詹姆斯仅得 24 分，且孤立无援，上一场 14 投 8 中的莫·威廉姆斯在这场 9 投仅 1 中。

第三场，詹姆斯再破重围，无视凯尔特人的各种防守，首节即 8 投 7 中，怒砍 21 分，最终率领骑士 124 比 95 大胜对手，前三场以 2 比 1 领先凯尔特人。

第四场，风云突变，“三巨头”身边的小弟隆多突然爆发，豪取 29 分、18 个篮板、13 次助攻的超级大三双，凯尔特人以 97 比 87 击败骑士。

第五场，东部半决赛“天王山之战”，詹姆斯 14 投仅 3 中，只得 15 分，全然没有打出“连庄 MVP”的风采。骑士也因此溃不成军，以 88 比 120 惨败给凯尔特人。

詹姆斯此战很少主动突击，而是游离在凯尔特人的铁桶阵之外，依靠跳投来零敲碎击。他这一场毫无战意的比赛，结局是滑铁卢式的溃败，换来铺天盖地的质疑。

“勒布朗怎么了？”这问题如同 1998 年世界杯决赛的罗纳尔多一样，成为谜题。

此时詹姆斯除了饱受右肘伤病折磨之外，最大的困扰还是心魔作祟。坊间传闻他的某位家人与队友有染，这直接扰乱了詹姆斯的心神，也间接破坏了骑士内部的团结。

2010 年 5 月 14 日，东部半决赛第六场，詹姆斯得到 27 分、10 次助攻，以及个人季后赛最高的 19 个篮板，豪取“大三双”的同时，也出现 9 次失误，拼尽全力的詹姆斯依然无法率队取胜，85 比 94，骑士再负凯尔特人，一波三连败之后，以总比分 2 比 4 不敌对手，止步于东部半决赛。世人翘首期盼的“23 PK 24”也成为风中的绝唱。

这场东部半决赛 G6 也成为詹姆斯“骑士 1.0 时期”的最后一战。此役之后，“小皇帝”为在克利夫兰的瑰丽岁月画上一个句号，并不圆满，却很动人。

七年时光，詹姆斯在克利夫兰从菜鸟蜕变成为巨星，曾率领骑士杀进总决赛，曾给这座家乡城市带来无限希望，但他无法接受年复一年的失败，于是选择了去远方。

2010 年 7 月 9 日，詹姆斯通过 ESPN 正式公布自己的决定：加盟热火！

在漫天质疑中，詹姆斯无比笃定，为了心中的总冠军，为了王者的雄心与野望，他

2003 年，詹姆斯顶着状元的光环回到家乡克利夫兰，肩负起带领骑士崛起的重任，在速贷中心球馆成为万人敬仰的“小皇帝”。2010 年，当詹姆斯转身离去时，他用七年时光，写就了一段灿若云霞的“骑士 1.0”传奇。詹姆斯率领骑士五进季后赛，一夺东部冠军。在 2007 年挺进总决赛，虽然未能染指总冠军，但詹姆斯的率领下，骑士完成了质的飞跃，由联盟鱼腩变成东部豪强。

冒天下之大不韪，毅然远赴迈阿密，与韦德、波什组成强大的“热火三巨头”。

詹姆斯加盟热火，改穿了 6 号球衣。众所周知，詹姆斯在骑士一直身披 23 号战袍，致敬偶像乔丹，而来到迈阿密选择 6 号。詹姆斯解释说：“身披 6 号球衣的我在北京奥运会上夺金成功，再次选择 6 号，就是希望 6 号能够伴随我再次走向巅峰。”

与那些暮年抱团的巨星们不同，彼时，25 岁的詹姆斯、26 岁的波什与 28 岁的韦德正值当打之年，“03 白金三杰”巅峰携手，未来不可限量！这个看起来不可能完成的操作，幕后推手便是迈阿密教父——“神算子”帕特·莱利。

为了促成合作，“热火三巨头”都做出薪资牺牲，最终三人合同分别为：詹姆斯 6 年 1.1 亿美金；波什 6 年 1.1 亿美金；韦德 6 年 1.07 亿美金。三位心怀梦想的年轻人，在迈阿密同心协力，携手率领热火在新赛季向着总冠军的方向出征。

“三巨头”压阵，热火的阵容固然让人羡慕，但也有隐忧，那就是球队陡然拥有三位原来在各自球队的老大，谁来当家？战术如何安排？谁来主导进攻？

这里是韦德的地盘，“闪电侠”在 2006 年总决赛上演孤胆英雄的神话，率领热火逆袭小牛夺冠之后，就奠定了韦德在迈阿密球队不可撼动的老大地位。作为连庄常规赛

MVP 的詹姆斯固然强大，此时他与韦德在球队的地位只是对等。

热火拥有联盟这两个最强大的突破手，即便是没有战术加持，也能轻松掀翻 80% 的 NBA 球队，但打到总决赛这样的高端局，遇到总决赛级别的防守，未必能占上风。

彼时热火的角色球员体系还未构建完成，很难打出持续流畅的进攻，依靠詹姆斯与韦德单骑冲阵去撕开防线不成问题，问题是撕开防线之后如何彻底摧毁对手。

2010/2011 赛季揭幕战，高调出征的热火被凯尔特人以 88 比 80 轻松击败，在新老“三巨头”的直接对话中，更年轻的詹姆斯、韦德与波什并没有占到上风。

17 场比赛战罢，热火仅取得 9 胜 8 负，这与赛前人们所期望的超级球队大相径庭，对“三巨头”来说，这个战绩是不能接受的。在此期间，“热火三巨头”曾在飞机上召开了“空中会议”，让彼此更加熟悉，球权分配更合理，彼此风格也更加兼容。

彼时，热火主帅斯波尔斯特拉也遭遇信任危机，迈阿密云谲波诡，“撞肩门”“莱利出山执教”“球权之争”“波什太软”等风波层出不穷。

危局之下，波尔斯特拉体现出少帅的智慧，他先让詹姆斯与韦德轮流掌控球权，主导进攻，并努力提升球员防守态度与整体性。热火进攻天赋毋庸置疑，将防守级别提升，波帅又将球队梳理得井然有序之后，热火变得不可击败，一鼓作气取得 12 连胜。

9

2011

巅峰梦碎待从头

2011 年之于詹姆斯流年不利，他与韦德、波什组成巅峰“三巨头”，俨然成为全联盟公敌，他也错失常规赛 MVP 三连霸的良机。率领热火杀入总决赛，又被诺维茨基率领小牛逆袭，与总冠军失之交臂之后，詹姆斯遭遇到漫天的质疑。

进入 2011 年，“三巨头”已过了磨合期，热火走出低谷，詹姆斯也渐入佳境。2 月 4 日，他在首节连续 11 投全中，轰下 23 分（打破热火尘封 15 年的首节个人得分纪录），全场 25 投 17 中，砍下赛季联盟新高的 51 分，率领热火在奥兰多以 104 比 100 击败魔术。

2 月 21 日，第 60 届全明星赛在洛杉矶的斯台普斯中心举行，时逢“六十大寿”，又在“黑曼巴”的地盘，科比对此届 MVP 可谓志在必得。詹姆斯偏偏是“搅局”的行家，曾在麦迪和保罗地盘夺走 MVP 桂冠。

一场针锋相对的“23 PK 24”对飙战过后，砍下 37 分的科比率领西部队取胜，并如愿捧起全明星 MVP 奖杯。

詹姆斯虽然未能阻止科比捧杯，但他豪取 29 分、12 个篮板和 10 次助攻，以全明星史上第二位“三双”球员的方式载入史册，第一位“三双”球员是乔丹。

詹姆斯 2011 年荣耀简表

- 2011 年洛杉矶全明星赛首发
- 2010/2011 赛季最佳阵容一阵
- 2010/2011 赛季最佳防守阵容
- 2011 年东部联盟冠军

3月28日，热火对阵火箭，“三巨头”联手打出璀璨一战。詹姆斯得到33分、10个篮板，韦德贡献30分、11个篮板，波什豪取31分、12个篮板，成为NBA史上唯一同场轰出“30+10”并率队（常规时间）取胜的三人组。

此战过后，“三巨头”配合更加默契，率领热火在余下赛程一帆风顺。

彼时的热火是一支巨头轮流单打、进攻简单粗暴的联合军团，同时还有刚猛的防守阵线。詹姆斯、韦德在外围防守具有超强侵略性，就像当年的乔丹、皮蓬。

在此后四年间，詹韦组合愈发默契，联袂上演极速分进、交错合击、凌空飞扣的场景，率领热火打出烈焰天风般壮丽攻防。“三巨头”领衔的热火也成为联盟公敌，他们似乎以“超常规”的方式掌控比赛，每一支球队都渴望击败他们。

2010/2011赛季结束，热火最终取得58胜24负的战绩，落后于公牛，屈居东部第二。詹姆斯场均得到26.7分、7.5个篮板、7次助攻，在常规赛MVP的评选中，遗憾地输给公牛少主德里克·罗斯，后者场均贡献24分、8次助攻，虽然数据与詹姆斯相比并不突出，但凭借率队取得联盟最佳战绩的资本，22岁零191天的罗斯还是加冕了常规赛MVP，而且成为NBA历史上最年轻的常规赛MVP先生。

热火在赛季初磨合期（9胜8负）的糟糕开局拖了后腿，导致最终名列东部第二，但在战绩上力压凯尔特人，让他们在季后赛碰到这位老对手时拥有了宝贵的主场优势。

2011年季后赛，热火在首轮以4比1轻取76人。

东部半决赛，热火遇到凯尔特人，面对昔日压制自己多年的对手，

詹姆斯终于有了出色的帮手，他与韦德刀剑合璧，纵横捭阖、轮番冲击，将“绿衫”罗网瞬间撕碎，又是一个 4 比 1，热火五场淘汰凯尔特人，挺进东部决赛。詹姆斯场均取下 28 分、8.2 个篮板，他在第二战砍下 35 分，第四战砍下 35 分，第 5 场晋级战砍下 33 分，并在最后时刻连拿 10 分，以势不可当的个人攻击取得胜利。

终场哨响时，詹姆斯单膝跪地，热泪盈眶，“我终于击败了这支球队，在去年夏天做出离开的决定，这一刻终于得到回报，这是团队的胜利。”这支“绿衫军”带给詹姆斯太多失败和屈辱，能亲手淘汰凯尔特人，詹姆斯一扫胸中块垒，拨开云雾见月明。

翻过凯尔特人这座高山，热火在东部决赛遇到了新科 MVP 罗斯领衔的公牛。

那时的罗斯正在巅峰期，他集迅疾、灵巧、柔韧于一身，就像一柄光华流转、凛冽锋锐的绝世快剑，而主教练锡伯杜又以铁血防守著称，公牛成为攻守兼备的顶级球队。

2021 年 5 月 16 日，东部决赛第一场，热火在芝加哥以 82 比 103 惨败给公牛。

一场溃不成军的大败之后，“迈阿密军团”开始强势反弹。詹姆斯一对一领防公牛的“尖刀”罗斯，后面是热火连绵不绝的延阻与夹击，让这位新科 MVP 难以施展。

同时，热火拥有联盟即战力前五的两大攻坚手，詹姆斯与韦德的轮番单打，虽然简单，但却有效。热火就此连下四城，鹏抟九霄而去。

第五场，热火手握赛点、晋级在望。背临悬崖的公牛在联合中心球馆展开殊死一搏，在最后 3 分 14 秒还领先热火 12 分。然后，“詹韦”展现出瞬间改变战局的恐怖爆炸力，不到 3 分钟率领热火打出一波 16 比 2，逆转乾坤，公牛失利，被热火以 4 比 1 淘汰。

登顶总决赛，热火西望，一支球风温和的达拉斯小牛正在奋蹄赶来。

达拉斯小牛，这支跃马西部 的“牛仔之师”却有着绅士气质，也收获了太多的悲剧。以他们的领袖诺维茨基为代表，太爱跳投了。2006 年总决赛以 2 比 0 领先被翻盘；拿下超 60 胜联盟第一战绩，首轮就被勇士“黑八”； 四年三次首轮出局……

这支命运太过悲摧的球队，在诺维茨基的率领下，在西部以 4 比 2 淘汰开拓者、以 4 比 0 横扫湖人、以 4 比 1 力挫雷霆，一路杀到总决赛。

2011 年总决赛，诺维茨基率领小牛挑战“三巨头”领衔的热火，除了东西部冠军的巅峰对决之外，还有一层特殊的含义：2006 年小牛在总决赛遭遇逆转，诺维茨基被贴上“球风偏软”的标签，就是拜对面这支韦德的热火所赐。如今，新仇旧怨一并算。

彼时，33 岁的“诺天王”面如止水，内心却波澜万千，他暗自发誓，绝对不会放弃这次改变人生命格的巅峰一战。

2011 年 6 月 1 日，总决赛第一场，热火在主场以 92 比 84 轻取小牛。

第二场，热火坐拥主场之利，在最后五分钟依然领先 15 分，胜利在望之际却有些漫不经心，两次进攻不中，小牛趁机连续反击。此前 14 投仅 5 中的诺维茨基如有神助，8 投 5 中，最后时刻“诺天王”先是命中一记三分球，然后又转身突破波什上篮得分完成致命一击，绝杀热火，率领小牛以 95 比 93 击败对手，迈阿密带走一场胜利。

这个“黑色五分钟”让小牛起死回生，同时让热火失魂落魄。

虽然热火在达拉斯扳回一城，但找到自信与准星的小牛更为凶猛，此后连下三城，以总比分 4 比 2 击败热火，夺得总冠军，报了 2006 年总决赛一箭之仇。

诺维茨基在总决赛场均砍下 26 分、9.7 个篮板，单核率队夺冠，捧起总决赛 MVP 奖杯的同时，也彻底撕掉“软蛋”的标签。

与“诺天王”的绚烂高光相比，詹姆斯的表现有些暗淡，他在总决赛场均仅得 17.8 分、7.2 个篮板和 6.8 次助攻，这份还不错的数据，以詹姆斯标准而言就是发挥失常。

在六场总决赛的高端局，詹姆斯陷入低迷，一共只罚进 20 个球，失去原有的攻击力，其中他在总决赛第四场 11 投 3 中，仅得 8 分，为球迷所诟病。这位联盟最强者，带着强

大的联合军团，却输了比赛，个人遭到无尽的嘲讽与批评。

詹姆斯陷入职业生涯的最低谷，他拿前七年构建的无比辉煌的个人神话，来赌总冠军，如今却走到失败的边缘，无路可退，必须逆袭的他需要一个质变。

与此同时，热火错失总冠军，詹姆斯与韦德、波什合作的首个赛季，以亚军收场，虽然巅峰留撼，但好在他们还有时间来证明自己……

2011 年夏天，詹姆斯潜心向“大梦”奥拉朱旺学习低位背身技术，让进攻更加全面，在外线命中率不佳的情况下，杀入篮下得分成为詹姆斯的又一杀器。

这个夏天，热火迎来两大利好消息。

其一：斯波尔斯特拉教练确立了詹姆斯的头号战术核心位置，正在老去的韦德也甘心让贤，让正值巅峰的“皇帝”执球队牛耳，热火也因此梳理好进攻端的秩序。

其二：热火签下“蝙蝠侠”肖恩·巴蒂尔，一个端方睿智、稳健精准的锋线球员，也是联盟顶级的外线防守者，迈阿密迎来完美的冠军拼图。有了巴蒂尔，热火阵容在攻防两端的面积更大，可以随机应变、自如伸缩、高速机动地攻击对方的阵线。

2011/2012 赛季，NBA 因为劳资纠纷而停摆，直到圣诞节才结束。

圣诞之夜，热火在姗姗来迟的揭幕战上完成痛快复仇，詹姆斯 19 投 11 中，砍下 37 分、10 个篮板，率领热火以 105 比 94 击败小牛。

12 月 31 日，詹姆斯度过 27 岁生日后的第一天，向女朋友萨凡娜·布林森求婚，对此詹姆斯说：“她快乐，我们全家就快乐，让她开心最重要。”

10

2012

夺冠摘金梦双圆

2012 年是詹姆斯终于圆梦的一年。“热火三巨头”齐心协力，率队夺冠。詹姆斯不仅夺得生涯首个总冠军，荣膺总决赛 MVP，还在之后随“梦十队”征战伦敦奥运，以绝对主力的身份摘得金牌。他一扫去年阴霾，在 2012 年里包揽常规赛 MVP、总决赛 MVP 、总冠军以及奥运冠军，上一位在同年完成如此壮举的球员还是 1992 年的乔丹。詹姆斯时隔 20 年复制了“乔帮主”的壮举，“皇帝”正式加冕，无可争议地成为联盟第一人。

经过 2011 年失败的洗礼以及漫天的质疑诋毁，詹姆斯更加成熟，沉稳内敛，蓄起胡子，不动声色。外表如古井无波，内心却孕育着风暴。他在攻防两端逐渐露出终极形态，防守坚不可摧，进攻锐不可当。他依然爱传球，但进攻更加全面与自信，被人诟病的投篮也精准果断。无论外线三分远投、还是内线背身单打、突入篮下终结，都无限接近完美。

2012 年，对于詹姆斯而言可谓时来天地皆同力，全世界终于看到了一个终极形态的詹姆斯，在篮球场上“足

詹姆斯 2012 年荣耀简表

- 2012 年奥兰多全明星赛首发
- 2011/2012 赛季常规赛 MVP
- 2011/2012 赛季最佳阵容一阵
- 2011/2012 赛季最佳防守阵容
- 2012 年东部联盟冠军
- 2012 年 NBA 总冠军
- 2012 年 NBA 总决赛 MVP
- 2012 年伦敦奥运会男篮金牌
- 2012 年 ESPY 最佳男运动员
- 2012 年 ESPY 最佳 NBA 球员
- 2012年ESPY体育奖最佳冠军表现奖

以摧毁一切”的存在。

热火在“全力詹”的率领下，高歌猛进，在全明星赛前打出 27 胜 7 负的辉煌战绩。

2012 年 2 月 27 日，奥兰多全明星赛，科比得到 27 分，总得分达到 271 分，荣升全明星赛历史“得分王”。韦德豪取 24 分、10 个篮板与 10 次助攻的“三双”。然而他们只是陪衬，真正的主角戏是詹姆斯与杜兰特的“对飙大战”。

詹姆斯砍下个人全明星新高的 36 分，并贡献 6 个篮板、7 次助攻，杜兰特也砍下 36 分予以回应，并率领西部队以 152 比 149 险胜东部队，最终杜兰特荣膺全明星 MVP。

虽然詹姆斯未能获得 MVP 奖杯，但很快他就在 6 月总决赛上率领热火以 4 比 1 击败雷霆，夺得总冠军与总决赛 MVP，在与杜兰特的较量上扳回一城，并占了上风。

全明星赛之后，热火战绩只有 19 胜 13 负，很明显他们在为接下来的季后赛蓄力。

2011/2012 缩水赛季共 64 场，詹姆斯出战 62 场，场均得到 27.1 分、7.9 个篮板、6.2 次助攻、1.9 次抢断，命中率达到恐怖的 53%，率领热火打出 46 胜 20 负的战绩，排在公牛（50 胜 16 负）之后，高居东部第二，詹姆斯也因此加冕了常规赛 MVP。

这是他继 2008/2009 赛季和 2009/2010 赛季之后，第三次加冕常规赛 MVP，成为 NBA 历史上第 8 位至少 3 获常规赛 MVP 之人，之前 7 人分别是贾巴尔、乔丹、比尔·拉塞尔、张伯伦、拉里·伯德、“魔术师”约翰逊和摩西·马龙。

2012 年季后赛，热火首轮对阵尼克斯，堪称“03 白金一代的内战”，一边是由 2003 年的“状元”詹姆斯、“5 号秀”韦德与“4 号秀”波什领衔，一边是由 2003 年的“探花”、有“纯得分万花筒”之称的安东尼坐镇。

彼时热火用令人窒息的外围压迫逼抢和区域夹击，让尼克斯两位垂垂老矣的前全明星球员戴维斯和毕比顿失往日威力。进攻端，“三巨头”轮流单打，激活全员，打得尼克斯毫无还手之力。纵然安东尼砍下 41 分，率队

赢下一场，挽回些许颜面。但尼克斯还是无法阻挡“热火战车”隆隆向前的轨迹。

首轮战罢，热火以 4 比 1 淘汰尼克斯挺进东部半决赛。首轮系列赛，詹姆斯与安东尼各自得到 139 分，场均 27.8 分，看似平分秋色，但“皇帝”比“甜瓜”高出 6% 的投篮命中率，在这轮“白金绝代双骄”对决中，詹姆斯明显更胜一筹。

东部半决赛，热火遭遇步行者的顽强阻击。印第安纳这支球队继承了自雷吉·米勒以来的嚣张、硬气、不畏强权的刺头气质。内线“高塔”希伯特如峰高耸，外线格兰杰与新星保罗·乔治展现出不俗的攻击力。

2012 年 5 月 14 日，东部半决赛，第一场，步行者在迈阿密险些搅了詹姆斯常规赛的加冕礼。上半场即将结束时，波什意外受伤离场。失去唯一内线支柱的热火陷入被动。好在詹姆斯在第四节独得 16 分，全场砍下 32 分，外加 15 个篮板，率领热火赢下比赛。

失去波什，让步行者寻觅到一线胜机，他们如嗜血的鲨鱼来撕开热火内线，大卫·韦斯特和希伯特在内线轮番单打，“迈阿密军团”深陷于高度不足的劣势，遭遇两连败，第三场更是以 75 比 94 惨败给步行者，遭遇血洗之后的热火内部也风雨飘摇。波什因伤缺阵，韦德饱受膝伤所扰，在第三场 13 投仅 2 中，只得 5 分。

危急时刻，又是詹姆斯打出通天战力，在第四场砍下 40 分、18 个篮板和 9 次助攻，韦德也及时复苏，下半场“詹韦组合”连得 38 分，率队打出 25 比 5 的比分，锁定胜局。

这是一场典型的个人极致天赋 PK 超强团队的胜利，印第安纳人被这等烈焰风暴晃得目眩神迷，就此一溃千里。第六战韦德狂砍 41 分，上半场就席卷 26 分。詹姆斯添上 28 分、7 次助攻。热火失去了波什，但巴蒂尔首发后，激活了詹姆斯和韦德这两个“得分怪物”。迈阿密就此连扳三场，晋级东部决赛。

热火在东部决赛，再次遇到老对手凯尔特人。此时“波士顿三巨头”已经老了，但他们更加强硬，绝不会放弃最后一搏的机会。而“迈阿密三巨头”虽然年华正盛，但波什依旧因伤缺阵，让胜负的天平变得接近水平。

2012 年 5 月 29 日，东部决赛首战在迈阿密打响。老迈的皮尔斯挡不住“皇帝”得分的脚步，詹姆斯豪取 32 分、13 个篮板，率领热火以 93 比 79 击败凯尔特人。

第二场，常规赛助攻王、凯尔特人的“少主”隆多打出生涯最璀璨的一战，24 投 16 中，狂砍 44 分，并贡献 8 个篮板、10 次助攻，但凯尔特人依旧以 111 比 115 输掉比赛，因为热火领袖詹姆斯完成常规操作，轰下 34 分、10 个篮板与 7 次助攻。

MIAMI
6
CELTICS
28
CELTICS
9

凯尔特人在前两场以 0 比 2 落后，回到波士顿北岸花园球馆，陷入绝境的“绿衫军”决意殊死一搏，拿下第三场。第四场，詹姆斯六犯离场，韦德绝杀失手，凯尔特人再胜。

第五场“天王山之战”，波什虽然复出，但大伤初愈力有未逮。最后时刻，皮尔斯射中一记三分球，凯尔特人险胜。热火总比分以 2 比 3 落后，理论上晋级概率不足两成。

2012 年 6 月 7 日，东部决赛第六场，两队转战波士顿北岸花园球馆。此前热火先赢两场，而后又被凯尔特人连扳三场，如果再败，那就会被淘汰。“迈阿密三巨头”也将解体，成为一纸笑谈，詹姆斯依然无冠，将被打上“失败者”的烙印。

2010 年夏天，詹姆斯来到迈阿密，他与韦德、波什三位正值巅峰期的巨星组成“热火三巨头”，詹姆斯背负太多质疑，几乎赌上一切的他绝不能失败。而横亘在他面前的依旧是那支凯尔特人，那个命中注定的死敌，命运拐点，全凭此战！

于是，在“绿衫军”的地盘，詹姆斯面沉如水，半场轰下 30 分，一举奠定胜势。鏖战之际，他更是露出“死亡之瞳”，寒光爆射、杀意弥天，全场 26 投 19 中，砍下 45 分，还得到 15 个篮板、5 次助攻，率领热火客场 98 比 79 大胜凯尔特人。与之对阵的“真理”皮尔斯，被詹姆斯防得毫无建树，18 投 4 中，仅得 9 分。

多年以后，詹姆斯提到 2012 年东部决赛第六场，“如果那场输了，帕特·莱利很可能解散‘热火三巨头’，而我生涯的传奇性将大打折扣。”对于志在天下的“皇帝”而言，绝不允许自己的传奇生涯蒙尘。

赢下第六场，詹姆斯率队将总比分扳成 3 比 3 平，回到迈阿密，热火又赢下“抢七大战”，以总比分 4 比 3 淘汰老对手凯尔特人，连续第二年挺进总决赛。

此次东部决赛，詹姆斯场均得到 33.6 分、11 个篮板，率领热火摧毁了强盛一时的“凯尔特人王朝”，间接导致“波士顿三巨头”解体。

翻越了凯尔特人这座高峰，热火在总决赛遇到了由杜兰特、威斯

布鲁克、哈登三位青年才俊领衔的雷霆，这支青年军是唯一一支能与热火匹配天赋与能量的球队。

2012 年 6 月 13 日，总决赛第一场，热火还未从东决鏖战的疲惫中走出，轮换短缺的阵容抵挡不住奔袭如风的雷霆，杜兰特劈下 36 分，率队以 105 比 94 拿下首场胜利。

第二场，最后时刻，詹姆斯亲自防住了杜兰特的追命一击，率领热火以 100 比 96 险胜雷霆，从俄克拉荷马的福特中心球馆带走一场胜利。

回到迈阿密，总决赛第三场，詹姆斯在攻防两端统治全局，造成杜兰特五次犯规，连续背打哈登，“雷霆三少”无法形成合力，而“詹韦组合”刀剑交错，分割了雷霆的阵线，最终热火以 91 比 85 击败对手。

2012 年 6 月 20 日，总决赛的第四场堪称詹姆斯的“升华之战”。第四节，拥有钢铁之躯的詹姆斯在突破中拉伤腿部肌肉，一度无法行走，但他还是一瘸一拐地回到场上，并命中一记反超比分的三分球。皇者归来带伤上阵的壮举激励全队，最终热火以 104 比 98 击败雷霆，让独得 43 分的威少成为“空砍帝”。

6 月 22 日，总决赛第五战依旧在迈阿密的美航中心打响。

詹姆斯豪取 26 分、11 个篮板、13 次助攻的大三双，并激活身边的两杆火枪，麦克·米勒和巴蒂尔合计在外线 15 投 10 中，10 记三分球箭箭穿心，洞穿了雷霆的门户。热火火力全开，最终以 121 比 106 轻取雷霆，以总比分 4 比 1 淘汰对手，夺得总冠军。

詹姆斯终于夺得生涯首个总冠军，并首次荣膺了总决赛 MVP，他在总决赛场均得到 28.6 分、10.2 个篮板、7.4 次助攻，在与韦德、波什组成“三巨头”的第二个赛季，三人终于携手步入联盟的最顶端，夺得那座金光灿灿的奥布莱恩奖杯。

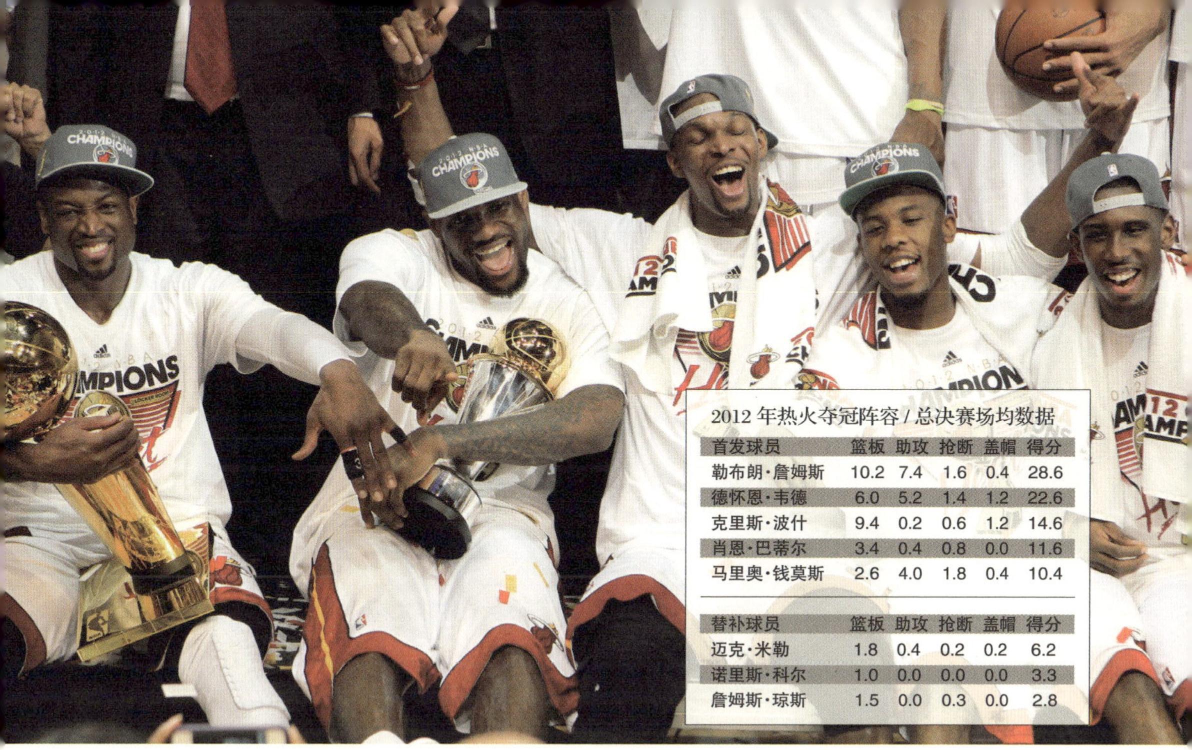

2012年热火夺冠阵容/总决赛场均数据					
首发球员	篮板	助攻	抢断	盖帽	得分
勒布朗·詹姆斯	10.2	7.4	1.6	0.4	28.6
德怀恩·韦德	6.0	5.2	1.4	1.2	22.6
克里斯·波什	9.4	0.2	0.6	1.2	14.6
肖恩·巴蒂尔	3.4	0.4	0.8	0.0	11.6
马里奥·钱莫斯	2.6	4.0	1.8	0.4	10.4
替补球员	篮板	助攻	抢断	盖帽	得分
迈克·米勒	1.8	0.4	0.2	0.2	6.2
诺里斯·科尔	1.0	0.0	0.0	0.0	3.3
詹姆斯·琼斯	1.5	0.0	0.3	0.0	2.8

只有经历过地狱般磨炼，才能锻造出无比绚烂的辉煌，詹姆斯说："去年的失败，让我更加谦虚。让我明白想要拿到总冠军，我必须做得更好。"

2012年季后赛，詹姆斯彻底升华，一路走来，他力压三大小前锋：安东尼、皮尔斯、杜兰特，除了夺得总冠军之外，还顺便摘下"联盟第一小前锋"的头衔。

2012年夏天，詹姆斯又将冠军的荣耀延续到了英国伦敦奥运会。

作为"梦十队"的领袖，詹姆斯率领美国国家队在伦敦夺得奥运冠军。八强赛面对澳大利亚队时，他拿下11分、14个篮板、12次助攻，成为美国史上首位得到"奥运三双"的球员。他在此届奥运会场均贡献13.3分、5.6个篮板与5.6次助攻，命中率为63%。

至此，27岁的詹姆斯完成了2012年大满贯：加冕常规赛与总决赛双料MVP，入选最佳阵容与防守阵容双一阵，夺得总冠军与奥运金牌。

"他已经独自一人站在了巅峰，无疑是这个星球上最著名的运动员。这个说法我们听过无数次，但现在终于可以成为定论：他，就是体育。"这是1992年杰克·麦卡伦写给迈克尔·乔丹并刊载在《体育画报》封面的一段话，这段话送给詹姆斯亦可。

2012年热火夺冠，成为联盟中最强大的球队，而雷·阿伦的加盟无疑让这支"迈阿密军团"更加完美，在接下来的2012/2013赛季，卫冕成为他们唯一的目标。

2012/2013赛季是詹姆斯在热火的第三年，经历过2011年的巅峰和2012年的梦圆之后，詹姆斯变得更加从容。"詹韦连线"已成为联盟最劲爆的风景线。而夺冠后的热火，又引进了雷·阿伦和拉沙德·刘易斯这两位昔日的"超音速双枪"，风头一时无两。

11

2013

卫冕成败一线间

2013 年的詹姆斯达到生涯的峰巅，他第四次荣膺常规赛 MVP，率领热火完成卫冕，再度捧起总冠军与总决赛 MVP 的奖杯。回首詹姆斯的夺冠之路并不平坦，总决赛面对“苦主”马刺，若不是雷·阿伦命中那记扭转乾坤的三分球，詹姆斯与热火的两连冠可能成为空谈。

热火在 2012/2013 赛季的表现堪称梦幻，“单打詹”蜕变为“团队詹”，詹姆斯减少了突破分球，增加无球跑位，减少个人进攻的同时，充分开发全队的进攻。

进入 2013 年，热火陡然开挂，1 月 17 日，热火在客场大胜勇士，28 岁零 17 天的詹姆斯砍下 25 分，超越科比（29 岁零 122 天），成为 NBA 史上最年轻的 20000 分先生。

从 2 月 4 日至 3 月 26 日，詹姆斯率领热火打出一波“史上第二长”的 27 连胜，在 NBA 浩瀚

詹姆斯 2013 年荣耀简表

- 2013 年休斯敦全明星赛首发
- 2012/2013 赛季常规赛 MVP
- 2012/2013 赛季最佳阵容一阵
- 2012/2013 赛季最佳防守阵容
- 2013 年东部联盟冠军
- 2013 年 NBA 总冠军
- 2013 年 NBA 总决赛 MVP
- 2013 年美联社最佳男运动员
- 2013 年 ESPY 最佳男运动员
- 2013 年 ESPY 最佳 NBA 球员
- 2013年ESPY体育奖最佳冠军表现奖
- 2013 年全球百大影响力人物

的历史长河中，仅有湖人的 33 连胜比热火的这波连胜场次多。

在 27 连胜中，詹姆斯场均得到 27 分、8.1 个篮板、8 次助攻，命中率高达 57.5%，是连胜狂潮的策动者。

热火连胜期间，2 月 18 日，全明星赛在休斯敦举行。詹姆斯仅得 19 分，但他和科比的单挑依然成为此次盛会的焦点。虽然不是“23 PK 24”，但身披 6 号球衣的詹姆斯与科比的对决依然最扣人心弦。最终西部队获胜，砍下 20 分、送出 15 次助攻的保罗荣膺了全明星 MVP。全明星赛未能夺魁，但这并不影响詹姆斯率领热火卫冕总冠军的雄心。

2012/2013 赛季，热火内线依旧羸弱，但凭借詹姆斯与韦德等领衔的强大的外线攻击群依旧纵横驰骋，一路领跑群雄。詹姆斯、韦德可以在高低位交错互换，彼此策应、空切，为热火进攻提供更多的可能，而外线还埋伏着（史上最伟大的三分手之一）“君子剑”雷·阿伦，热火战术空前丰富立体，詹姆斯在攻防两端尽情地展示着全能天赋，热火在“三巨头”的率领下，进入历史进攻最强球队的行列。

2012/2013 常规赛季战罢，热火取得常规赛 66 胜 16 负，胜率高达 80.5%，高居全联盟战绩榜的头名，同时也创造了队史的最佳战绩。

詹姆斯在这个非凡的赛季里，场均砍下 26.8 分、8 个篮板、7.3 次助攻，投篮命中率高达 56.5%，成为 NBA 历史首位场均拿到 26+8+7，且命中率超过 55% 的球员。

凭借个人出色表现以及带队战绩第一，詹姆斯毫无悬念地荣膺常规赛 MVP。年仅 28 岁的他成为 NBA 历史上最年轻的四届常规赛 MVP 球员。

2013 年季后赛，热火在前两轮并未遇到真正的挑战。首轮横扫詹宁斯领衔的雄鹿，四场比赛合计净胜对手 59 分。第二轮，热火面对没有罗斯的公牛，虽然“小土豆”内特·罗宾逊、吉米·巴特勒与诺阿们以搏命式打法赢得首场，但奈何实力悬殊，回过神的热火连扳四场，以总比分 4 比 1 淘汰公牛，走向东部决赛。

热火连续第三次站上东部决赛的舞台，这一次遇到了去年的老对手步行者，不同的是，对方的王牌由暮色沉沉的格兰杰换成了年轻有为的保罗·乔治，一位拥有超长臂展、投篮精准、攻防一体的顶级小前锋。他与乔治·希尔搭档后场攻守俱佳，内线还镇守着一位传统中锋希伯特，步行者构建起联盟最坚固的防线，是常规赛失分最少的球队。

两队的命门都摆在彼此的面前，热火的禁区高度不够，而步行者的外线持球能力很一般，一旦遭遇了热火猛烈夹击，往往会陷入慌乱的迷局。

2013 年 5 月 23 日，东部决赛首场，热火坐镇主场迎战步行者。双方杀得难分胜负，最后时刻热火领先 2 分，一向投篮精准的雷·阿伦两罚仅一中，随后乔治命中一记超远的三分球，为步行者强行“续命”，将比赛拖入加时。

加时赛最后时刻，乔治三罚命中，步行者以 102 比 101 领先。比赛还剩 2.2 秒，热火前场发球。詹姆斯接球后顺势转身，抹过乔治，插入禁区飞身左手上篮得手，在终场前 0.3 秒完成绝杀，热火以 103 比 102 险胜步行者。詹姆斯在此战不仅豪取 30 分、10 个篮板、10 次助攻，更在最后时刻给予步行者致命一击，成为 NBA 史上首位在同一场季后赛中完成“三双”+ 绝杀的球员。乔治全场砍下 27 分，并命中超远追平三分球，这位 22 岁的步行者新少主与“皇帝”对位毫不怯阵，彰显出大将之风。

第二场，2.18 米的“高塔”希伯特肆虐热火内线，15 投 10 中，居高临下狂揽 29 分。保罗·乔治也有 22 分进账，并在“鸟人”安德森头上完成一记雷霆万钧的暴扣。最终，步行者以 4 分优势取胜，从客场偷得一场胜利。

第三场，热火放任希伯特在禁区肆虐，但对步行者外线严防死守，前两场表现神勇的乔治只砍下 13 分。热火集中区域优势，最终转化为胜势。詹姆斯虽然仅得 22 分，但策动全队火力全开，热火首发全部得分上双，最终以 114 比 96 大胜步行者。

第四场，步行者的持球狂魔——史蒂芬森成为搅局者，这位行为艺术爱好者 15 投 9 中，给球队贡献了计划外的 20 分，步行者以 99 比 92 险胜热火。

第五场“天王山之战”，虽然乔治砍下 27 分，但乔治·希尔和史蒂芬森合砍仅 5 分，让步行者失去与热火较量的资本。詹姆斯在第三节独砍 16 分，一举奠定比赛的胜势。

第六场，詹姆斯被罚下，乔治砍下 28 分，希伯特贡献 24 分、11 个篮板 ，率领步行者以 91 比 77 击败热火，把总比分改写成 3 比 3 平。

第七场“抢七大战”，热火没有再给步行者任何机会，上半场就领先 15 分。詹姆斯在第二节劈下 12 分，挥出进攻的利剑。最终，热火 99 比 76 击败步行者，以总比分 4 比 3 淘汰对手，连续第三年挺进总决赛。

热火在 2013 年总决赛迎来最为强大的对手——圣安东尼奥马刺。“GDP”组合领衔这支如机器般冷酷精确的“黑铁之师”，曾绞碎一切对手，九年夺下四届总冠军。他们沿袭着“奇数年夺冠”的定律，似乎又要收下 2013 年的这一冠。

詹姆斯曾在 2007 年率领骑士杀入总决赛，就是被这支马刺轻松横扫，六年过去了，“GDP”依旧皆在阵中，邓肯、帕克、吉诺比利，他们携手写就了一部恒久而又绚丽的圣城童话，率领马刺取得连续 14 年超 50 胜的战绩。即便是在 2012 年西部决赛被雷霆连扳四场逆转，马刺并未因此沉沦，他们以帕克为发动机，“GDP”依旧担当核心，加上伦纳德、丹尼·格林等新兵小将，一部铁血轰鸣的玄铁战车又卷土重来。

2007 年，马刺击败骑士夺冠，31 岁的邓肯曾对 22 岁的詹姆斯许诺“未来是你的”。而六年过去了，2013 年夏天，28 岁的詹姆斯就站在未来，准备兑现诺言，率队卫冕时，37 岁的邓肯又站了出来，仿佛说：“等一等，我再跟你谈谈未来。”

2013 年 6 月 7 日，总决赛第一场在迈阿密美航中心打响。詹姆斯表现全面，得到 18 分、18 个篮板、10 次助攻的“三双”。最后时刻，热火仅落后 2 分，帕克持球推进至前场左侧时滑倒，却又揉身而上，如“幽灵跑车”般转身抹过詹姆斯，幸运地命中一记中投。

凭借这记投篮得分，马刺以 92 比 88 险胜热火，赢得总决赛的首场胜利。

总决赛第二场，热火“以奇胜”，查尔莫斯在斜刺里杀出成为奇兵，砍下 19 分。热火在第三节打出一波 33 比 5 的攻击流，最终以 103 比 84 大胜马刺。

第三场，马刺派出伦纳德来防守詹姆斯，这位拥有一双巨掌的长臂悍将，用“死亡缠绕”将詹姆斯紧紧贴防。“皇帝”手感不佳，而马刺万箭齐发，命中 16 记三分球，最终以 113 比 77 击败热火，取得一场畅快淋漓的大胜。

第四场，热火“三巨头”联合发威：詹姆斯豪取 33 分、11 个篮板；韦德砍下 32 分并送出 6 次抢断，波什贡献 20 分、13 个篮板，热火以 109 比 93 击败马刺。

CHRIS
JAMES
23

三场比分悬殊的比赛战罢，热火与马刺 2 比 2 战平，第五场迎来“天王山之战”。

第五场“妖刀”出鞘，吉诺比利砍下 24 分、送出 10 次助攻，帕克得到 26 分，邓肯也有 17 分进账，“GDP”组合三星闪耀，率领马刺以 114 比 104 击败热火。

赢下“天王山之战”，马刺手握赛点，距离总冠军金杯似乎只有咫尺之遥。

2013 年 6 月 19 日，总决赛第六场，“迈阿密保卫战”如期打响。此前热火以总比分 2 比 3 落后于马刺，濒临绝境的他们不容再败。

马刺与热火进行了一场史诗级的对决，而詹姆斯却陷入挣扎，前三节 12 投仅 3 中。

末节大决战，詹姆斯怒摘发带。“皇帝挂冠”之后忘我酣战，迸发出超强的战力。

比赛最后 28.2 秒，94 比 89，马刺领先 5 分，似乎胜券在握，要在迈阿密举起总冠军奖杯，然而詹姆斯说不！他连续两投，命中一记三分球，92 比 94，热火落后 2 分。

伦纳德两罚一中后，马刺再度领先 3 分。之后詹姆斯三分不中，波什抢下进攻篮板传给右侧雷·阿伦，后者接球后，凭借射手本能撤到三分线外，面对帕克防守闪电出手，命中一记三分球，在比赛还有 5.2 秒时，强行将比分扳成 95 平。雷·阿伦这记“倒转乾坤”的扳平三分球堪称总决赛史上最伟大的进球之一，多年以后依然被球迷津津乐道。

被强势扳平的马刺斗志受损，加时赛被热火以 103 比 100 逆转，遗憾输掉比赛。28.2 秒逆转 5 分，上天拟好的“剧本”，就这样被改写，留下“石佛”怒捶地板的悲怆。而詹姆斯怒摘发带，在第四节和加时赛里，14 投 8 中，砍下 18 分，全场拿到 32 分、10 个篮板和 11 次助攻，率领热火逆转马刺。在他摘掉发带的那一刻起，他就击溃心魔、揭开封印，蜕变成无所不能的“皇帝”，率队击败强敌，完成自我救赎。

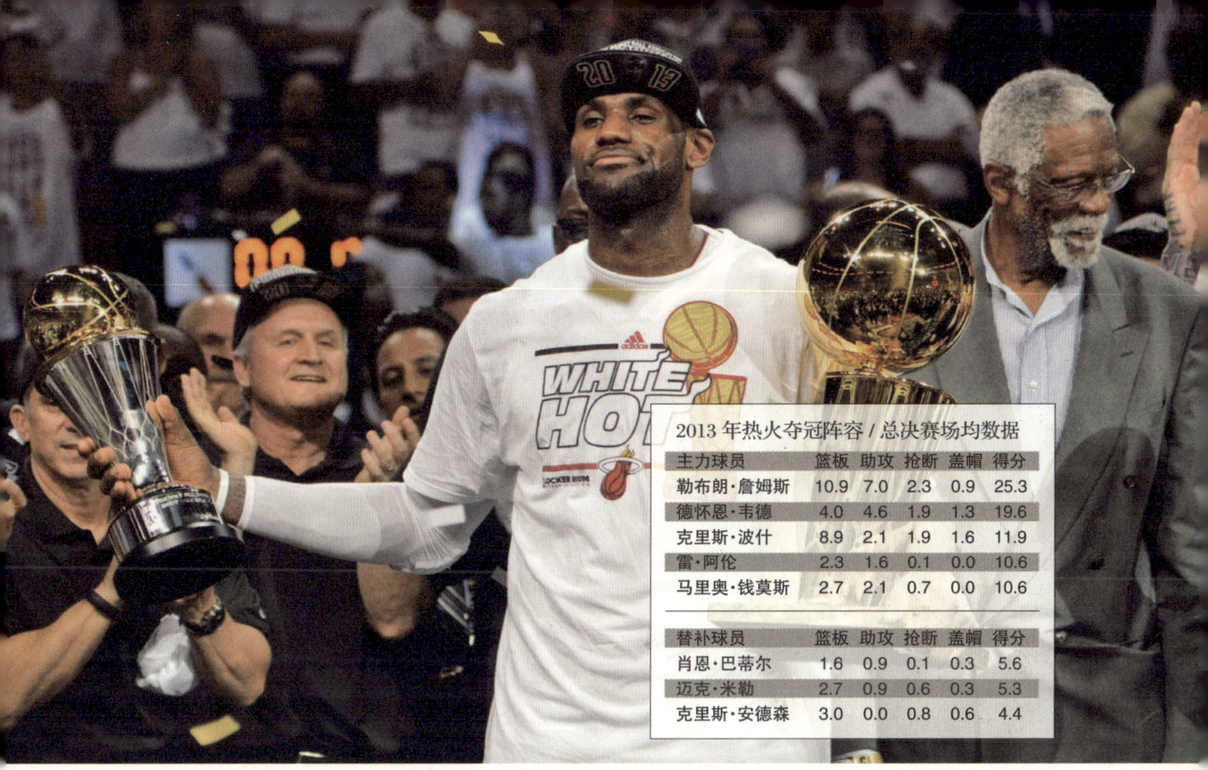

2013 年热火夺冠阵容 / 总决赛场均数据

主力球员	篮板	助攻	抢断	盖帽	得分
勒布朗·詹姆斯	10.9	7.0	2.3	0.9	25.3
德怀恩·韦德	4.0	4.6	1.9	1.3	19.6
克里斯·波什	8.9	2.1	1.9	1.6	11.9
雷·阿伦	2.3	1.6	0.1	0.0	10.6
马里奥·钱莫斯	2.7	2.1	0.7	0.0	10.6

替补球员	篮板	助攻	抢断	盖帽	得分
肖恩·巴蒂尔	1.6	0.9	0.1	0.3	5.6
迈克·米勒	2.7	0.9	0.6	0.3	5.3
克里斯·安德森	3.0	0.0	0.8	0.6	4.4

6 月 21 日，总决赛“抢七大战”，热火主场 95 比 88 击败马刺，以 4 比 3 的总比分淘汰对手，成功拿下总冠军。詹姆斯轰下 37 分、12 个篮板，追平总决赛“抢七大战”（1957 年汤姆 · 海恩索恩保持的）个人得分纪录。

热火与马刺的总决赛堪称近十年来最跌宕起伏的巅峰对决，詹姆斯在这轮总决赛的第六场完成华丽蜕变，七场总决赛他场均得到 25.3 分、10.9 个篮板、7 次助攻，荣膺了总决赛 MVP。自此，詹姆斯连续两年夺得常规赛 MVP、总决赛 MVP 以及总冠军，上一次完成荣耀蝉联大满贯的还是 1992 年的乔丹。

2013 年，也是詹姆斯进入 NBA 的第十个年头，他登上了联盟的顶峰。

2013 年热火卫冕之后，球队出现一些隐患。夺冠夜，韦德用香槟淋湿自己的膝盖，这位初入联盟便摘掉一个半月板的男人，又在季后赛的漫长征程中透支了身体，曾经让他快如闪电的双腿已不复当年，而饱受伤病困扰的双膝成为他的羁绊。

2013/2014 赛季开始不久，韦德就不断轮休，虽然他场均依然能砍下 20 分，但命中率却不足 50%。2013 年总决赛第四战，韦德抽积液上阵时，膝盖的健康已毁之殆尽。

除了韦德之外，巴蒂尔的脚步已跟不上灵敏的对手，雷 · 阿伦也已经 38 岁。热火是以攻防运转迅疾为特长的小个阵容，一旦失去速度与灵活，就不再是那支横扫联盟、一举席卷 27 连胜的烈焰王师了。

2016
NBA

2010年代

克利夫兰之皇者天下
骑士2.0时代

Cleveland Cavaliers
2014—2018

12

2014

王朝难继复归途

2014 年，詹姆斯未能率领热火完成“三连冠”，王朝梦断，“阿克伦之子”选择回归家乡。

他已是坐拥两冠的真正皇者，却没有一片属于自己的王国。在迈阿密建功立业，衣锦还乡，回到克利夫兰，去实现自己在 NBA 前七年未竟的梦想，率领骑士夺得总冠军，这就是现实版的童话，却充满真实的力量。

詹姆斯 2014 年荣耀简表

- 2014 年新奥尔良全明星赛首发
- 2013/2014 赛季最佳阵容一阵
- 2014 年东部联盟冠军
- 2014 年世界最强壮运动员

在 NBA，“三连冠”是王朝的标配，而连续三年蝉联总冠军是一项极难完成的壮举。2000 年之后，还没有一支球队完成“三连冠”（湖人“三连冠”，含 1999 年的一冠）。詹姆斯率队成功卫冕，接下来完成“三连冠”，缔造“热火王朝”，成为唯一目标。

进入 2014 年，詹姆斯“三连冠”的目标更加迫切，而队友们的状态下滑也是事实，无奈之下，他提前开启了“全力詹”模式。

2 月 13 日，热火客场挑战勇士，比赛还剩 14.6 秒，勇士以 110 比 108 领先。詹姆斯持球最后一攻，面对伊戈达拉的防守，强行投出一记三分球，命中！热火以 111 比 110 险胜勇士。命中绝杀之后，詹姆斯在甲骨文球馆做出拍胸、抬腿、双手下压的庆祝动作，这成为他职业生涯最经典的招牌动作之一。此战詹姆斯留下 36 分、13 个篮板和 9 次助攻的豪华准“三双”数据单，并以彼之道还施彼身，面对以后的劲敌库里，詹姆斯用对

SUN SPORTS
HEAT
15
CHARLOTTE
15
American

手最擅长的三分球给予致命一击。

2 月 17 日，全明星赛在新奥尔良举行，作为票王的詹姆斯点到为止，得到 22 分、7 个篮板和 7 次助攻，率领东部队以 163 比 155 击败西部队。欧文豪取 31 分、14 次助攻，抢了“未来大哥”詹姆斯的风头，加冕了全明星 MVP。此届全明星赛，“四大小前锋”詹姆斯、杜兰特、乔治和安东尼一同入选首发，标志着“小前锋盛世”的到来。

2014 年 3 月 4 日，热火坐镇主场迎战山猫，也许是面对乔丹的球队，也许是受到安东尼独砍 62 分的激励，一向并不执着得分的詹姆斯开启了极限飙分模式。

此前面部受伤，化身“面具侠”的詹姆斯第三节独砍 25 分，全场 33 投 22 中，三分球 10 投 8 中，罚球 12 罚 9 中，豪取 61 分，创造自己单场得分新高，也刷新了热火队史个人单场得分纪录。最终他率领热火以 124 比 107 大胜山猫，豪取八连胜。

值得一提的是，詹姆斯以 66.7% 的超高命中率砍下 61 分，上一位能够砍下 60+ 并且命中率 66% 或以上的球员是 2000 年“大鲨鱼”奥尼尔，那是肆虐禁区的超级中锋。

赛后，斯波教练慨叹：“对于詹姆斯而言，篮筐像大海一样辽阔。”

可怜的夏洛特山猫，他们刚刚在 2014 年 1 月 25 日被安东尼 62 分“血洗”，又在 30 多天之后，遭遇詹姆斯的 61 分“暴击”，看到自己的弟子们在场上被狂虐，逼得作壁上观的乔老板险些自己披上球衣。

2013/2014 赛季战罢，詹姆斯场均得到 27.1 分、6.9 个篮板、6.3 次助攻，命中率高达 56.7%，固然神勇依旧，但受到热火（54 胜）战绩所累，未能实现常规赛 MVP 三连霸。在西部，杜兰特赫然崛起，打出场均 32 分、7 个篮板、5.5 次助攻的恐怖数据，在威斯布鲁克缺席半个赛季的情况下，单核率领雷霆豪取 59 胜的优异战绩，首次加冕了常规赛 MVP。五年以来，詹姆斯在常规赛第一次被另一个人抢了风头。

此时詹姆斯志在率领热火完成“三连冠”的霸业，个人荣耀的得失并未放在心上。

2014 年季后赛开始，热火依旧所向披靡，他们在首轮横扫季后赛新军夏洛特山猫。

东部半决赛热火对阵布鲁克林篮网，詹姆斯面对昔日的宿敌——“绿衫二老”皮尔斯、加内特，战意昂扬，在第四场 24 投 16 中，砍下平个人季后赛最高的 49 分。

第五战是“凯尔特人前三巨头”的恩怨局，雷・阿伦面对昔日队友皮尔斯、加内特，最后时刻用标志性的三分球帮助热火反超比分。詹姆斯随即以令人窒息的防守让乔・约翰逊的单打绝杀化为泡影。最终，热火以 4 比 1 淘汰篮网，挺进东部决赛。

东部决赛，不是冤家不聚头，热火再一次与步行者狭路相逢。

印第安纳的外线持球人依然无法破解迈阿密的围猎阵，而内线擎天柱希伯特也陷入独木难支的境地，保罗·乔治虽然在第六场灵光乍现，末节独得 13 分，但未能逆天改命。热火以总比分 4 比 2 淘汰步行者，连续四年杀入总决赛。第六场取胜之后，29 岁零 151 天的詹姆斯成为 NBA 史上第二位在 30 岁之前拿下季后赛百场胜利的球员。

2014 年总决赛，热火又对阵马刺，似乎是 2013 年总决赛的延续。

6 月 6 日，总决赛首战在圣安东尼奥 AT&T 中心球馆打响，两队一开场便陷入激战，马刺内线邓肯与斯普利特攻击高效，合计 16 投 14 中，热火依靠詹姆斯砍下 25 分勉强相抗。第四节决胜时刻，詹姆斯因伤离场，马刺趁机打出 16 比 3 攻击潮，一举取得胜利。

虽然热火落败，但詹姆斯砍下 25 分、6 个篮板、3 次助攻，成为继乔丹与科比之后，第三位拿到季后赛 4000 分、1000 个篮板、1000 次助攻的球员。

6 月 9 日，总决赛第二场，詹姆斯全场 22 投 14 中，砍下 35 分、10 个篮板，率领热火以 98 比 96 战胜马刺。最后时刻，詹姆斯突破分球，埋伏在底角的波什接球后命中一记制胜三分球，彰显出“真巨头”的风采，热火客场扳回一局。

热火带着 1 比 1 的总比分回到迈阿密，全世界都以为“三巨头”会在自己的地盘大干一番时，却出现了匪夷所思的结局。第三场 92 比 111、第四场 86 比 107，热火在主场面对神准无比的马刺遭遇两场溃败之后，转战圣安东尼奥。

6 月 16 日，总决赛第五场，热火在客场以 87 比 104 再一次惨败于马刺，总比分 1 比 4 不敌对手，与总冠军失之交臂，“三连冠”的王朝梦也随之覆灭。

詹姆斯在第六场 21 投 10 中，砍下 31 分，并贡献 10 个篮板、5 次助攻。这场比赛几乎是整个总决赛的缩影，他总决赛场均得到 28.2 分、7.8 个篮板、4 次助攻，命中率高达 57.1%，三分球命中率高达 51.9%，詹姆斯依旧是那个无所不能的勒布朗，但身边的队友却因为伤病、衰老等原因，很难提供总冠军级别的能量。

反观马刺，“GDP”组合老而弥坚，身边又成长起伦纳德这样的小弟，其总决赛场均得到 17.8 分、6.4 个篮板，荣膺了 2014 年的总决赛 MVP。

詹姆斯在触手可及的地方无缘登上“三连冠”帝王殿，他和迈阿密的四年缘分走到了尽头。经历四年热火生涯，詹姆斯手握两枚总冠军戒指与两座总决赛 MVP 奖杯，以胜利者的姿态登上联盟的最顶端。

彼时，这位来自阿克伦的孩子已经将至而立之年，是时候回家了。

2014 年 7 月 12 日，詹姆斯在《体育画报》上发表了一封公开信，宣布重返克利夫兰骑士。他是阿克伦的孩子，而迈阿密是韦德的城市，4 年前，他的热血都倾注在奥布莱恩杯上，4 年后，他明白了世界上有比冠军更重要的东西。

一份为期 2 年 4210 万美元的合同签订之后，皇帝回家！在南海岸搏杀 4 年之后，功成名就的詹姆斯带着两冠荣光，衣锦还乡，回到克利夫兰继续追寻自己在 NBA 头七年未竟的梦想——为家乡带来一座总冠军奖杯。

如焰火一般绚丽而短暂的迈阿密“三巨头”时代就此消逝，詹姆斯挥手告别兄弟，踏上北上的归途。在南海岸搏杀 4 年之后，为了总冠军，几乎付出一切，从一号位防到五号位，他冲破阴霾和险阻，在强敌环伺下拿下两连冠。

热火“三巨头”虽然成为历史，但他们联手写就的恢宏传奇却永载史册。

他们从 2010 到 2014 年携手四年，率领热火四进总决赛，二夺总冠军，豪取震古烁

今的 27 连胜…… 他们用荣耀与成就回击了诋毁和质疑，也战胜了强大的对手和命运。

詹姆斯场均得到 26.8 分、6.6 个篮板、7.3 次助攻，韦德场均得到 23.5 分、4.9 个篮板、5.0 次助攻，兄弟二人打出了赏心悦目的“詹韦连线”，而波什甘心做绿叶来陪伴。

2010 年，詹姆斯 26 岁、波什 26 岁、韦德 28 岁，他们在生命中最灿烂的年华联手写就四年华美诗篇，如果再来一次，兄弟并肩作战，他们亦无怨无悔……

詹姆斯回到克利夫兰骑士，这里有全明星控卫凯里・欧文，一位拥有美妙球感与精准投射的单挑高手，虽然充满朝气，但缺少带队获胜的经验。2013/2014 赛季，欧文率

2014 年，在迈阿密热火效力 4 年之后，詹姆斯这位“阿克伦的孩子”、如今联盟的头号球星，宣布了回家的决定。

效力热火四年，詹姆斯与韦德、波什联手，率队连续夺得两届总冠军，并创造了 27 连胜（历史第二长连胜）的神迹。

个人方面，詹姆斯更是达到荣耀巅峰，连续两年包揽常规赛 & 总决赛 MVP。

功成名就，衣锦还乡。4 年前，詹姆斯为了总冠军梦想告别家乡，而 4 年后，他决定将总冠军梦想带到家乡克利夫兰。

领骑士仅取得 33 胜 49 负，却是他独自带队成绩最好的一年。

2014 年 8 月，凯文 · 乐福加盟骑士，随着这位善抢篮板的全明星大前锋加盟，骑士也拥有了自己的“三巨头”，詹姆斯、欧文与乐福，随后，马里昂、麦克米勒等实力球星也纷纷选择加盟骑士，骑士因此一跃成为夺取总冠军的最大热门。

2014/2015 赛季之初，众星云集的骑士并没有展现出强大的实力，5 胜 7 负的开局让人大跌眼镜。虽然“三巨头”的球风互补，但孱弱的防守并不能帮他们统治东部。

13

2015

独霸东巅骑勇决

2015 年，詹姆斯在回到家乡的首个赛季便将此前无缘季后赛的骑士带入总决赛。虽然欧文与乐福因伤缺阵，但詹姆斯率领“七武士”发起壮烈的绝地逆袭，让勇士不得不打出“死亡五小”王牌。虽然未能最终夺冠，但詹姆斯的表现堪称伟大。此外，他在全明星总得分榜上超越了乔丹，距总得分王科比也只有 2 分距离。

2015 年初，詹姆斯因伤一度缺席两周比赛，骑士遭遇了一波六连败。克利夫兰在低潮期招兵买马，送出桀骜不驯的维特斯，得到防守悍将香珀特、“神经刀”射手 J.R. 史密斯，以及“俄罗斯巨人”莫兹戈夫，以此加强外围防守、三分火力、禁区保护。

1 月 14 日，詹姆斯复出，骑士客场小负太阳之后，率队打出一波 12 连胜，成功将骑士带到争冠球队序列中。

连胜期间，詹姆斯不乏精彩表现。

1 月 16 日，骑士做客斯台普斯球馆，挑战湖人。随着詹姆斯重披 23 号战袍，“23 PK 24”的大戏再续前篇。

詹姆斯 2015 年荣耀简表

- 2015 年纽约全明星赛首发
- 2014/2015 赛季最佳阵容一阵
- 2015 年东部联盟冠军
- 2015年ESPY体育奖最佳冠军表现奖
- 2015 年全球 50 位领袖人物

此役，詹姆斯砍下 36 分，率领骑士以 109 比 102 击败湖人。科比也回敬 19 分、17 次助攻的豪华“两双”，两人联手为球迷贡献了一场精彩的“24 PK 23”开年大戏。

2015 年 2 月 16 日，纽约全明星赛在麦迪逊广场花园上演，詹姆斯得到东部全队最高的 30 分，全明星赛总得分达到 278 分，超越乔丹，排到历史得分榜第二位，距离第一名的科比，只有 2 分之差。可惜东部队落败，MVP 被独砍 41 分的威斯布鲁克夺得。

全明星 MVP 旁落，詹姆斯并不在意，他心中所念的就是率领骑士夺得总冠军。

骑士在詹姆斯的率领之下，也一扫往年的颓势，在赛季后半段赢下 30 多场比赛。2014/2015 赛季战罢，詹姆斯场均仅得到 25.3 分、6 个篮板、7.4 次助攻，命中率只有 48.8%，这显然不是最好的詹姆斯，但足以率领骑士取得好战绩，53 胜 29 负、高居东部第二，只落后于老鹰。骑士在上个赛季仅取得 33 胜 49 负，詹姆斯归来率队在一个赛季里就足足提高 20 个胜场，这种飞跃式的改变足以令人惊叹。

2015 年季后赛，詹姆斯带领骑士以 4 比 0 横扫凯尔特人，轻松晋级的同时，也留下隐患，骑士“三巨头”之一的凯文·乐福在第四场遭遇肩伤，导致缺席余下季后赛。

东部半决赛，对阵公牛，乐福缺阵让骑士内线的缺陷再度加大，首战不敌公牛。

第二战，詹姆斯砍下 33 分，率领骑士扳回一城。第三战，“风城玫瑰”再度绽放，昔日“最年轻的 MVP”罗斯完成三分绝杀，公牛总比分以 2 比 1 领先。

5 月 11 日，第四场，骑士在客场挑战公牛不容再败，但欧文受困于脚部伤势，状态低迷，詹姆斯只能以一己之力与整个公牛周旋。

终场前 27 秒，公牛阵中杀出巴特勒，一记后撤步三分命中，将比分追至 82 比 84。

之后骑士又出现致命失误，罗斯趁机上篮得手比分追成84平。

最后8.4秒，詹姆斯杀入篮下，却遭到米罗蒂奇封盖。

比赛还剩1.5秒，骑士陷入绝境。如果进入加时赛，阵容齐整兼有主场优势的公牛无疑胜算更大，如果骑士此战失利，意味着将以1比3落后，要想翻盘难上加难。

1.5秒的时间足以让"皇帝"完成致命一杀。詹姆斯在球场左角接球，面对巴特勒的防守，出手命中一记三分球，完成了压哨绝杀！此战，詹姆斯得到25分、14个篮板、8次助攻，并用一记价值连城的绝杀球击溃了公牛的信心。

赛后，谈到那记绝杀球，詹姆斯谦虚地表示："这场比赛我接连犯错，好在上天给了我一次救赎的机会。"而罗斯由衷地感叹："勒布朗是一位伟大的球员，他命中了一记超高难度的跳投，而我们却无能为力。"

随后詹姆斯率领骑士再下两城，率队以4比2战胜公牛，挺进东部决赛。

2015年东部决赛，骑士对阵常规赛东部战绩第一的老鹰。虽然没有主场优势，但骑士众志成城，詹姆斯也火力全开，首战贡献31分、8个篮板，第二战得到30分、11次助攻，第三战更是轰下37分、18个篮板、13次助攻的超级"三双"。

最终骑士以总比分4比0横扫老鹰，挺进总决赛。詹姆斯连续五年率队登顶东部之巅，完成了连乔丹都未能完成的壮举，骑士在总决赛迎来在西部骤然崛起的勇士。

2014/2015赛季，库里率领勇士打出联盟最佳的67胜战绩，他也因此荣膺了常规赛MVP。当时，詹姆斯也许没有想到，站在对面的这位面容清秀的小老乡，竟然会成为他将来最大的劲敌。1984年12月30日，詹姆斯出生在阿克伦城市医院，1988年3月14日，库里也在这家医院呱呱坠地。两位"阿克伦之子"可谓缘分不浅，而他们之后数年间的巅峰对决竟然成为NBA联盟的主旋律。

2015年6月5日，总决赛首战，尽管詹姆斯率领骑士在奥克兰甲骨文球馆顽强地顶住了勇士的进攻狂潮，把比赛拖入加时赛，但加时赛欧文却扭伤膝盖，被迫离场，缺席了余下的总决赛。欧文伤退，乐福缺阵，詹姆斯独木难支，勇士以108比100击败骑士。

虽然首战落败，但詹姆斯赛砍下个人总决赛新高的44分，留下闪亮的一笔。

没有乐福，没有欧文，骑士"三巨头"仅剩下詹姆斯，他独自率领残阵对抗兵强马壮的勇士，ESPN专家以25比0的票数投勇士夺得总冠军。这似乎是一场没有悬念的总决赛对决，然而雪上加霜的是，骑士只剩下七名球员可以轮换上场。

德拉维多瓦、J.R. 史密斯、香波特、詹姆斯·琼斯、特里斯坦·汤普森、莫兹戈夫，加上詹姆斯，骑士在弹尽粮绝的逆境中，组成了“绝地七武士”。

三日后，总决赛第二场战火重燃，骑士兵行险招，让德拉维多瓦顶替受伤的欧文首发登场，“七武士”也打出向死而生的绝命篮球。德拉维多瓦整场窒息贴守库里，让后者出现罕见的投篮失准，三分球 7 投仅 1 中。而詹姆斯疯狂得分的同时，还梳理好进攻，最终拿到 39 分、16 个篮板、11 次助攻的超级“三双”，率领“七武士”以 95 比 93 击败勇士，骑士拿到队史上总决赛的首场胜利。

6 月 10 日，总决赛第三场如约而至，詹姆斯再度倾尽全力，疯狂砍下 40 分，并贡献 12 个篮板、8 次助攻，还送出 2 记盖帽。在速贷中心漫天“ALL IN”的标语掩映下，率领“七武士”以 96 比 91 击败勇士，总比分以 2 比 1 领先。克利夫兰骑士终于收获到了总决赛的主场胜利，这场胜利也让“勇士总冠军”的论调瞬间沉寂。

勇士连输两场，总比分以 1 比 2 落后，骑士“绝地七武士”打出出乎所有人意料的凶猛篮球。为了克制“七武士”，科尔教练终于打出王牌——“死亡五小”，这套在今后几年制霸联盟的无解阵容当时只是在实践阶段，但威力无穷。库里、汤普森、巴恩斯、伊戈达拉与格林，最高不过 2.01 米，但都可以胜任进攻的发起点和终结点，凭借超强的移动与投射能力，可以联袂打出足以摧毁一切对手的进攻狂潮。

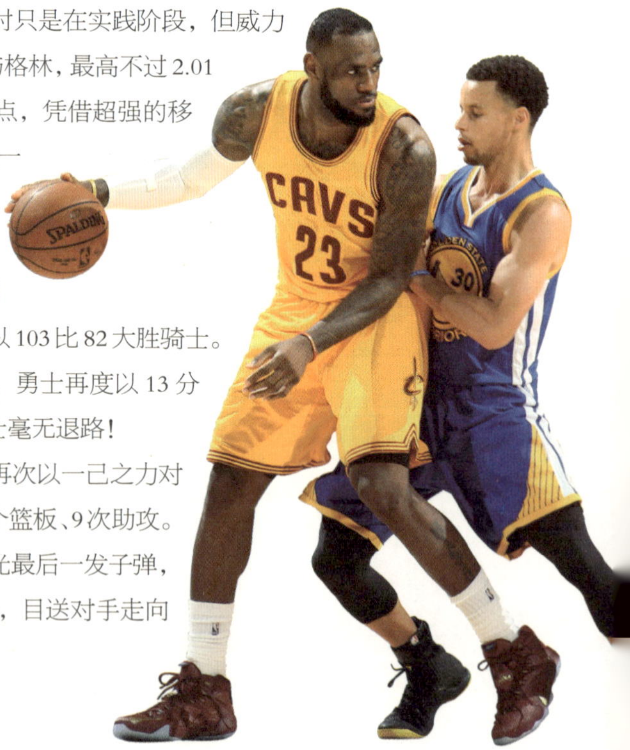

6 月 12 日，总决赛第四场，詹姆斯在前三场透支过度，力不从心，只能目送勇士“死亡五小”肆虐速贷中心球馆，以 103 比 82 大胜骑士。接下来的第五场，几乎是第四场的重演，勇士再度以 13 分的优势拿下“天王山”——詹姆斯和骑士毫无退路！

6 月 17 日，总决赛第六场，詹姆斯再次以一己之力对抗全盛勇士。此役，他全场贡献 32 分、18 个篮板、9 次助攻。面对“死亡五小”的进攻狂潮，詹姆斯打光最后一发子弹，残阵骑士最终还是以 97 以 105 不敌勇士，目送对手走向总冠军领奖台。

勇士以总比分 4 比 2 击败骑士，在速贷中心球馆捧起总冠军奖杯。

总决赛鏖战六场，詹姆斯场均得到 35.8 分、13.3 个篮板、8.8 次助攻，表现足够出色。但孤军奋战的他依旧未能战胜万箭齐发的金州轻骑，无奈惨遭巅峰之败。

詹姆斯神情黯然，独自走向更衣室。与总冠军失之交臂，令这位皇者意难平。

人生在世，不如意事常八九。贵为皇者，也无法率领孤军战胜勇士的全盛大军。

此番失利，实非人事，只能叹天命如此。

2015 年休赛期，詹姆斯疯狂地投入训练，把失利的失落忘却在汗水之中。总决赛失利，让詹姆斯发现了自身的不足，刻苦训练也正是提升自己、弥补短板的最佳方式。

随着 2015/2016 赛季的徐徐展开，詹姆斯的提升成果也呈现在世人面前！

2015 年 11 月 3 日，骑士对阵费城 76 人，詹姆斯斩获 22 分、9 个篮板、11 次助攻的“准三双”，率队轻松击败对手，30 岁零 307 天的他成为 NBA 史上最年轻的 25000 分先生，骑士也凭借这场胜利，拿下一波三连胜。

12 月 5 日，骑士客场对阵鹈鹕，詹姆斯在第四节砍下 23 分，创下个人生涯的第四节得分新高。末节爆发是这个赛季詹姆斯的常规操作，他的球风变得简洁、流畅、高效。他在前三节积极策动队友进攻，自己在弱侧吸引夹击。到了第四节，詹姆斯才展现出恐怖的统治力，一举为球队奠定胜利。就像公牛后三连冠时期的乔丹，詹姆斯将简洁、高效的掌控力发挥到极致，率领骑士打出 12 胜 3 负的闪亮开局。

彼时的詹姆斯，雄心万丈，他的新赛季目标清单中只有一项，那就是总冠军。

14

2016

一冠倾城终圆梦

2016年，詹姆斯终于兑现诺言，率领骑士夺得总冠军，为家乡圆了52年的冠军梦。詹姆斯这一冠夺得无比艰辛：他率领骑士在1比3落后的逆境中完成了总决赛历史上的空前大逆转；他的这一冠让创下联盟历史最佳战绩（73胜）的勇士成为笑谈。

2016年伊始，以30胜11负领跑东部的骑士陷入了一场换帅风波——这一切的导火索，就是1月19日的“骑勇大战”。克利夫兰人在家门口目睹了骑士的一场34分惨败，以98比132不敌总决赛对手勇士，而且输得体无完肤。这显然令骑士无法忍受，他们决定做出改变。

1月23日，主教练大卫·布拉特被骑士解雇了。这位欧洲名帅执教骑士的胜率高达70.4%，但依然无法比肩勇士这座高峰，勇士在2015/2016赛季打出开季24连胜，此时战绩已直逼历史最佳（1996年的公牛）。

克利夫兰人无比渴望夺得总冠军，显然他们意识到布拉特执教下的骑士无法战胜西部那支勇士。

于是，布拉特这位东部最好的教练下课了，在舆论

詹姆斯 2016 年荣耀简表

- 2016 年多伦多全明星赛首发
- 2015/2016 赛季最佳阵容一阵
- 2016 年东部联盟冠军
- 2016 年 NBA 总冠军
- 2016 年 NBA 总决赛 MVP
- 2016 年美联社最佳男运动员
- 2016 年 ESPY 最佳 NBA 球员
- 2016年ESPY体育奖最佳冠军表现奖

一片哗然中，彼时骑士的助理教练泰伦·卢临危受命，这位 39 岁的少帅在漫天质疑中接过了教鞭。

从某种意义上讲，在赛季中更换一位胜率很高的主教练是一种冒险。但骑士清晰认识到，如果不做出改变，他们在总决赛对决勇士时，极有可能重蹈上一年的覆辙。

2016 年 2 月 15 日，多伦多全明星赛拉开大幕，这场比赛无关胜负，所有焦点集中在科比身上。这是“黑曼巴”的全明星谢幕之战。詹姆斯十分低调，只得 13 分。即使这样，他的全明星赛总得分还是达到 291 分，超越科比（290 分），正式加冕全明星总得分王。

虽然得到 31 分的威斯布鲁克夺得全明星 MVP，但最经典的一幕还是属于詹姆斯与科比。第二节进行到 5 分 33 秒，詹姆斯主动防守科比，他双手重拍地板、严阵以待，而科比欣然接招，几度虚晃没有摆脱对手，最终选择一记漂移跳投。

多么熟悉的“23 PK 24”，可惜成为绝唱。两个月以后，科比退役，四年后，直升机坠落，科比罹难，令人无限悲怆…… 这一幕“23 PK 24”，成为无数球迷心中永恒的记忆。

全明星周末之后，回到赛季征途。俗话说，换帅如换刀，骑士如果还想夺冠，必须进行战术改革。泰伦·卢确实这样做了，但改革并非一日之功，骑士一度处在战术调试的动荡期，战绩也有所起伏。无奈之下，詹姆斯再度开启全力模式，以一己之力将动荡期的骑士扛在肩上。2015/2016 赛季站罢，骑士在 30 胜 11 负之后又取得 27 胜 14 负，虽然胜率不如之前，但保住东部第一的战绩。至于说联盟第一，骑士已不奢望，因为西部勇士打出 73 胜，超越 1995/1996 赛季公牛的 72 胜，创造 NBA 历史最佳战绩。

虽然最终库里蝉联常规赛 MVP，但詹姆斯在 2015/2016 赛季的表现也可圈可点，他场均得到 25.3 分、7.4 篮板、6.8 次助攻，连续第九年入选最佳阵容一阵，并率领骑士以东部第一战绩昂首杀入季后赛，烈火验真金的高端时刻终于到来了。

2016 年 4 月 18 日，季后赛战火重燃。詹姆斯带领他的“骑士团”坐镇主场轻松击溃底特律活塞。整个系列赛，活塞并未掀起任何波澜。

4 比 0！詹姆斯率领骑士横扫活塞，挺进东部半决赛。

半决赛，詹姆斯率领骑士在再次以 4 比 0 淘汰亚特兰大老鹰。

5 月 18 日，东部决赛首战打响，骑士在主场轻松击退“北境双枪”德罗赞与洛瑞领衔的多伦多猛龙，第二场又是骑士大胜，詹姆斯在两战中投出近 70% 的高命中率。

两战皆败，回到多伦多主场的猛龙猛然变身，在第三场凭借凶悍的内线拼抢，以 99 比 84 击败骑士，让詹姆斯的球队在季后赛首尝败绩。

第四场，猛龙再接再厉，再下一城，将总比分扳成 2 比 2。

回到主场之后，骑士突然启动压迫式防守，毫无悬念地赢下第五场。随着第六战一场 113 比 87 的大胜，詹姆斯率领骑士以 4 比 2 淘汰猛龙，挺进总决赛。

2016 年，詹姆斯的骑士再度登上总决赛的舞台，站在他们面前的依然是金州勇士。

这位熟悉的老对手，刚刚打出历史最佳的 73 胜，单论常规赛战绩横勇无敌！

2016 年的总决赛，对于是詹姆斯职业生涯有着“分水岭”式意义。

这次他身边拥有欧文与乐福，骑士“三巨头”终于联袂在总决赛上登场。而勇士无疑更加强大，他们在 2015/2016 赛季打出历史最佳 73 胜战绩，库里场均砍下 30.1 分，得到 2.1 次抢断，一共命中 402 记三分球，全票当选了常规赛 MVP，并荣膺得分王与抢断王。进入季后赛，勇士在西部决赛曾被杜兰特与威斯布鲁克领衔的雷霆以 3 比 1 领先，逼上绝境之际，汤普森在第六场投中 11 记三分球，强势扭转勇士危局。

自此，“G6 汤”的威名响彻江湖。而经此一战，“水花兄弟”也达到最佳状态，他们领衔的勇士“死亡五小”本就是联盟无坚不摧的顶级战阵，而到了总决赛又调升一个等级，来应对这个“高端局”。

2016年6月3日，总决赛第一场，骑士在客场以89比104惨败于勇士。第二场骑士败得更惨，以77比110不敌勇士。詹姆斯两场一共仅得42分，显然无法支撑败局。

总比分以0比2落后，骑士似乎达不到与勇士抗衡的级别，泰伦·卢把失利归咎为失误太多，而非实力不济，失误嘛，下次避免就行了。

6月9日，总决赛第三场，堪称克利夫兰保卫战。乐福于第二场遭遇脑震荡而被迫缺席此战，骑士以残阵打出“哀兵必胜”的篮球。欧文充当急先锋，首节独砍16分。詹姆斯更是全场得到32分、11个篮板、6次助攻，率领骑士以120比90大胜勇士。

第四场，尽管詹姆斯贡献25分、13篮板、9助攻“准三双”，无奈库里狂砍38分，勇士在他的率领下多点开花，在客场以108比97击败骑士。

四场战罢，勇士以总比分3比1，手握赛点，詹姆斯和骑士被逼到了悬崖边上。

NBA总决赛历史上从未出现过以1比3落后的球队完成逆转！那一刻，似乎已经注定了詹姆斯将再次与总冠军失之交臂，起码，当时ESPN的专家们都这么认为。

但詹姆斯不会认命！即便这是天意，那“皇帝”也要逆天改命！

6月14日，总决赛第五场在奥克兰甲骨文球馆打响。比赛一开始，勇士便发起猛攻，詹姆斯开启飙分模式，上半场狂砍25分，以一己之力独抗勇士，两队半场战成61平。

易边再战，詹姆斯和欧文对飙“水花兄弟”，博古特不慎扭伤膝盖，返回更衣室。博古特的受伤似乎让态势发生了微妙变化，勇士场上缺少高度，被骑士将比分拉开。

全场比赛，詹姆斯狂揽41分、16个篮板、7次助攻以及3封盖，欧文也以70.8%的命中率得到个人季后赛新高的41分，詹欧携手率领骑士在客场以112比97战胜勇士，他们也成为第一对在总决赛同场砍下40分以上的组合。

6月17日，总决赛第六场，回到克利夫兰速贷中心球馆，已经以2比3落后的骑士必须取胜。詹姆斯赛前誓言掷地有声：“捍卫主场，去奥克兰捧起奥布莱恩杯！”

骑士又打出一场“向死而生”的比赛，他们全力以赴，从比赛开始就对勇士球员围追堵截。比赛前五分钟，金州人竟然无一分入账，首节也仅仅斩获11分。

骑士凭借着坚韧的防守，一直保持着优势进入第四节。第四节，勇士也开启了反击模式，一度将比分追近。危急关头，詹姆斯挺身而出，一人独得10分，稳住领先优势，最终率领骑士以105比101险胜勇士，双方战成3比3平。

KNBR 680
SPALDING
GOLDEN STATE
40
WARRIORS

这场比赛，詹姆斯的表现无比璀璨：贡献 41 分、8 个篮板、11 次助攻华丽而又全面的数据，成为 NBA 历史上第五位连续两场总决赛砍下 40+ 的球员。

2016 年 6 月 20 日，总决赛“抢七大战”在奥克兰甲骨文球场开幕，骑士与勇士在前六场总得分战成 610 平，可谓势均力敌，“抢七战”将一决生死。

比赛一开场，双方各显神通，勇士三分如雨落，骑士则依靠詹姆斯在内线不断拼杀，比分交替上升，但骑士三分手感冰凉，半场战罢，依然以 42 比 49 落后勇士。

易边而战，詹姆斯一度率领骑士反超比分，但格林挺身而出，勇士奋力反击，三节结束，骑士依然落后 1 分。末节双方陷入绞杀。关键时刻，伊戈达拉直奔篮筐，詹姆斯追击身后送出一记惊天“钉板”大帽，骑士借此士气大振，勇士则气势低落。

终场前 53 秒，欧文迎着库里命中一记关键三分球，帮助骑士取得 3 分领先优势。詹姆斯与欧文的一守一攻，成为这场“抢七大战”的“胜负手”。

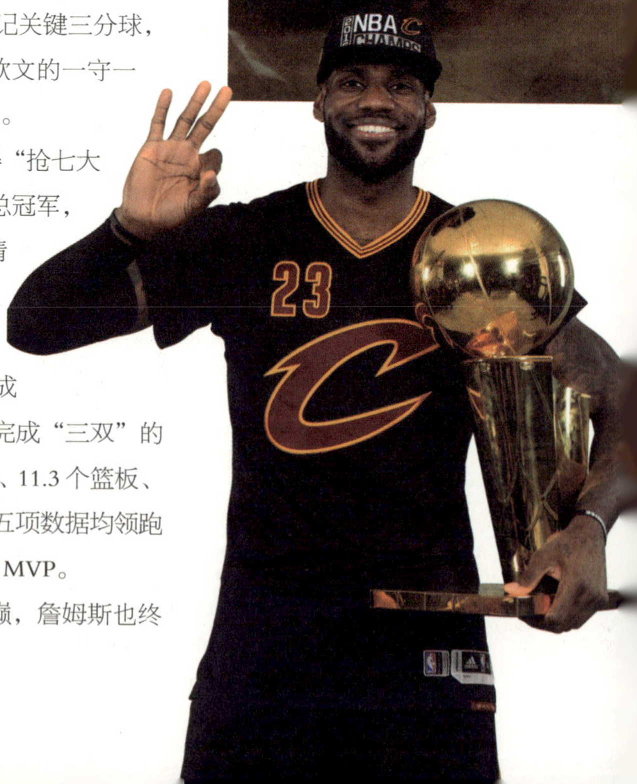

最终骑士以 93 比 89 险胜勇士，赢得“抢七大战”，并以总比分 4 比 3 淘汰勇士，夺得总冠军，成为 NBA 总决赛首支在 1 比 3 落后的情况下完成翻盘的球队。

詹姆斯在“抢七大战”豪取 27 分、11 个篮板、11 次助攻的豪华“三双”，成为 NBA 总决赛历史上第三位在“抢七”完成“三双”的球员。此外，他在总决赛场均得到 29.7 分、11.3 个篮板、8.9 次助攻、2.6 次抢断以及 2.3 次盖帽，五项数据均领跑两队所有球员，毫无争议地荣膺了总决赛 MVP。

2016 年夏天，骑士终于站到联盟之巅，詹姆斯也终

于兑现诺言，为家乡克利夫兰带来一座总冠军奖杯，结束了这座城市长达 52 年无冠的历史。赢得冠军，全员欢庆，詹姆斯却跪倒在总决赛的地板上，掩面而泣，伟岸的后背不断颤抖，宛如一座内部烈焰汹涌而外表平静的火山。那一刻，太多悲欢都难自已，詹姆斯哽咽出那句“Cleveland ! This is for you!”令闻者振聋发聩，令见者不禁动容。

那句誓言代表着太多太多，时至今日依然犹在耳边！

那一刻，詹姆斯兑现诺言，终于释怀。那一刻，所有的骑士球迷泪眼婆娑！

那一刻，克利夫兰万人空巷，大家追逐冠军游行的车队，只为一睹英雄的真容。

2016 年夏天，NBA 休赛期惊现重磅交易 ，四届得分王杜兰特加盟勇士，这无疑在骑勇争霸的时代，打破了均势的平衡。联盟新赛季大结局会改变吗？詹姆斯与骑士并不这么认为。他们并没有像勇士那样引入超级巨星，阵容的升级上不疾不徐。2016/2017 赛季，欧文和乐福都打出更好的表现，骑士“三巨头”的整体威力有了明显提升。

2016 年骑士夺冠阵容 / 总决赛场均数据

首发球员	篮板	助攻	抢断	盖帽	得分
勒布朗·詹姆斯	11.3	8.9	2.6	2.3	29.7
凯里·欧文	3.9	3.9	2.1	0.7	27.1
凯文·乐福	6.8	1.3	0.7	0.3	8.5
J.R. 史密斯	2.7	1.6	1.4	0.3	10.6
特里斯坦·汤普森	10.1	0.7	0.3	0.9	10.3

替补球员	篮板	助攻	抢断	盖帽	得分
理查德 · 杰弗森	5.3	0.4	1.3	0.1	5.7
伊曼·香珀特	1.6	0.1	0.1	0.3	3.0
马修 · 德拉维多瓦	0.5	1.0	0.0	0.0	2.7

新赛季，骑士在东部依旧不可阻挡，开赛便以 13 胜 2 负的战绩一骑绝尘。在此期间，詹姆斯场均以 25.4 分、7.8 个篮板、9 次助攻的全能数据傲视群雄。乐福也终于打出“巨头”级代表作——单节豪取 34 分。那是 11 月 24 日骑士在主场迎战开拓者的比赛，乐福在首节便手感滚烫，14 投 11 中，三分球 10 投 8 中，狂砍 34 分。詹姆斯为乐福送出 6 次助攻。单节 34 分也创下 NBA 历史第二高的单节得分，仅次于汤普森的单节 37 分。

12 月 26 日，骑士与勇士联袂上演一场 NBA 最精彩的“圣诞大战”，骑士在第四节还一度落后 14 分，但詹姆斯与欧文率队发起反击，将比分迫近。最后时刻，欧文面对汤普森命中一记高难度的漂移中投，继总决赛抢七战之后，再次绝杀了勇士。

双杀勇士，骑士在 2016 年的结尾留下闪亮的注脚，来映衬这一年的辉煌。当然，这一年骑士的辉煌之源来自詹姆斯，这位“皇帝”在这一年登顶天下。

15

2017 是非成败都随风

2017年，詹姆斯率领骑士以12胜1负的绝佳战绩杀入总决赛，可惜遇到杜兰特加持的“宇宙勇”。巅峰一战，光辉绚烂，总决赛失利丝毫不减詹姆斯的威名，但欧文的离去的确伤了老詹的心。

后“三巨头”时代的骑士动荡不已，詹姆斯成为维系这支球队的“定海神针”。

2017年年初，詹姆斯第28次登上《体育画报》的封面，虽然进入联盟已有15年之久，但他依然是媒体心中的宠儿、球迷心中的篮球帝王。

2017年2月20日，新奥尔良全明星赛正式上演。詹姆斯连续13次全明星首发，追平“绿衫军”名宿库西，并列成为NBA历史上连续全明星首发次数最多的球员。

詹姆斯在里程之夜忘情地展示自己——滑翔劈扣、打板扣篮、折叠背扣…… 轻松取下23分，全明星赛总得分突破300分大关，锁定在314分。投篮命中总数达到129记，超越了科比（119球），成为全明星赛历史上总命中球数最多的球员。

“浓眉哥”戴维斯砍下创全明星赛历史纪录的52分，荣膺了全明星MVP。詹姆斯虽然未能在星宴夺魁，但在

詹姆斯 2017 年荣耀简表

- 2017 年新奥尔良全明星赛首发
- 2016/2017 赛季最佳阵容一阵
- 2017 年东部联盟冠军
- 2017 年杰基罗宾逊体育奖
- 2017 年全球百大影响力人物
- 2017 年全球 50 位领袖人物

一场全明星赛达到两个里程碑，可谓收获颇丰。

全明星周末之后，詹姆斯率领骑士迅速进入赛季后半程。命运陡转，前半程顺风顺水的克利夫兰骑士，在全明星赛之后表现乏力。

骑士是联盟平均年龄最老的球队之一，其阵容在本赛季迅速老化，尤其是侧翼群。到了赛季后半程，骑士缺乏足够的能量。常规赛最后 11 场，他们更是输掉了 7 场。

2016/2017 赛季，作为上届冠军的骑士仅拿到 51 胜，虽然名列东部第二，但对比库里和杜兰特率领勇士在西部拿到 68 胜而言，还是存在一定差距。

詹姆斯在该赛季场均得到 26.4 分、8.6 个篮板、8.7 次助攻，得分创造回归骑士后的新高，篮板和助攻更是双双刷新个人生涯纪录。此外，詹姆斯在本赛季总得分连续超越"大梦"奥拉朱旺、埃尔文·海耶斯、摩西·马龙、"大鲨鱼"奥尼尔四位名宿，跻身历史总得分榜的第 7 位。他还突破"总 27000 分 +7000 个篮板 +7000 次助攻"的历史大关。

2017 年季后赛首轮，詹姆斯率领骑士以 4 比 0 横扫步行者，个人的季后赛总战绩为 135 胜 68 负，以 66.5% 胜率追平乔丹，总胜场数追平科比。詹姆斯率队 10 次横扫对手，超越邓肯（9 次），成为 NBA 历史上横扫对手次数最多的球员。

东部半决赛，詹姆斯率领骑士再度横扫猛龙，昂首挺进东部总决赛。

5 月 18 日，东部决赛第一场，骑士在客场以 117 比 104 轻取凯尔特人，詹姆斯砍下 38 分、9 个篮板、7 次助攻，在本年季后赛已经连续 7 场得分 30+，上一次在季后赛完成如此壮举的还是 2003 年的“大鲨鱼”奥尼尔。

5 月 26 日，詹姆斯 18 投 13 中，豪取 35 分、8 个篮板和 8 次助攻，率领骑士以 135 比 102 大胜凯尔特人，以总比分 4 比 1 淘汰对手，连续第三次闯进总决赛。

詹姆斯在东部决赛第五场拿下 35 分，季后赛总得分达到 5995 分，超越乔丹，成为 NBA 季后赛历史总得分王。彼时骑士主教练泰伦·卢由衷感叹：“能在季后赛的得分榜上超越乔丹，这足以说明詹姆斯是一位伟大的胜利者，他会率领球队永远前进！”

2017 年总决赛，骑士依然是对阵勇士，连续三年总决赛的“骑勇大战”也创造了 NBA 一段历史。这个赛季，骑士以 12 胜 1 负的绝佳战绩从东部杀入总决赛，而勇士在西部通关到总决赛的胜率更是达到（12 胜 0 负）100%。这是两支历史级别的强队，如果放到其他年份其中任何一支球队都能轻松夺冠，但命运之神偏偏让他们相遇。

2017 年 6 月 2 日，骑士与勇士展开第一场对决。这次总决赛因为勇士有了杜兰特的加盟而变得星味更浓，集结了近十年里七届常规赛 MVP：詹姆斯（4）、库里（2）杜兰特（1），还有六届得分王，以及联盟中现役 TOP5 球员中的其中三位。

彼此是老对手，没有多少试探，第一场便进入白热化对战。詹姆斯砍下 28 分，贡献 15 个篮板、8 次助攻，却依然无法率队在客场取得一场胜利。骑士惨遭一场 91 比 113 的大败，因为勇士阵中多了一位“死神”，杜兰特独砍 38 分，扼杀了比赛的悬念。

杜兰特的加盟，让勇士完美升级，他和库里的外线组合，比“水花兄弟”更具威力。即便是对手掐死勇士的三分线，杜兰特的恐怖单打能力也会让勇士的得分流畅无比。

反观骑士，如果想击败勇士，不能只依靠詹姆斯超强发挥，欧文疾袭突破、众将火力全开，缺一不可。而实际上，骑士在此轮总决赛，除了詹姆斯，几乎全面哑火。

詹姆斯在第一场成为 NBA 历史上唯一的季后赛 6000 分先生，第二名是乔丹（季后赛总得分为 5987 分）。一场“里程碑”失利，让詹姆斯有几分孤胆英雄的苍凉，在勇士的急速进攻潮中，骑士那千疮百孔的失误成为失利的原罪。

总决赛第二场，詹姆斯豪取 29 分、14 个篮板和 11 次助攻，追平了“魔术师”总决赛的“三双”次数，依然无法阻止骑士的溃败，113 比 132，勇士赢得畅快淋漓。

6 月 8 日，总决赛第三场。回到克利夫兰，詹姆斯铆足全力，砍下 39 分、11 个篮板

SPALDING
23
THOMPSON
13
GREEN
23

和9次助攻，欧文也得到38分，他们携手打出最好的“双核”进攻，但骑士依然以113比118不敌勇士，总比分以0比3落后。

总决赛第四场，詹姆斯豪取31分、10个篮板和11次助攻的大号“三双”，率领骑士以137比116大胜勇士，打赢了捍卫尊严的一战。

6月13日，整体实力更胜一筹的勇士回到主场，没有再给骑士任何机会，129比120，勇士拿下胜利，以总比分4比1击败老对手，夺得总冠军。

尽管詹姆斯拿下41分、13个篮板和8次助攻，也只能成为勇士捧杯的华丽注脚。

回看这次总决赛，詹姆斯的表现近乎完美，场均贡献33.6分、12个篮板和10次助攻的历史级别数据。在欧文状态低迷、起伏不定之际，詹姆斯在整个总决赛都尝试着以一己之力扛着骑士前进，但可惜他遇到的是拥有历史最强级别进攻的“宇宙勇”。

2017年休赛期，詹姆斯无暇感慨总决赛的失利，欲整装备战，收拾旧山河。

8月31日，欧文发布一封告别信，离开克利夫兰，奔赴波士顿凯尔特人。

欧文的离开，给骑士蒙上阴影，而韦德的加盟又让人心头一热，久违的“詹韦连线”有望重现江湖。欧文换回来的“地表最强1.75米球员”小托马斯，上赛季场均砍下28.9分，骑士只能企盼那不是昙花一现。詹姆斯欣喜好兄弟韦德加盟，并积极备战新赛季。

2017/2018赛季初期，骑士仅打出5胜6负的战绩。欧文离队，小托马斯因为盂唇撕裂而停战休养，骑士缺少了一柄得分利刃，加上阵容老化、伤病不断，几乎要跌出季后赛球队的序列，詹姆斯决不允许这种颓势继续蔓延，他决定开始亮剑。

2017年11月4日，骑士客场对阵奇才，詹姆斯34投24中，砍下57分，贡献11个篮板和7次助攻，凭借一己之力率领骑士以130比122战胜奇才。凭借此战，32岁零308天的詹姆斯超越科比（33岁零171天），成为NBA历史上最年轻的29000分先生。这场飙分大战也提振了骑士的信心，随后球队开启了一波荡气回肠的13连胜。

整个11月，詹姆斯场均贡献30分、8.9个篮板和8.2次助攻，接下来的12月，詹姆斯再接再厉，场均得到28.1分、8.4个篮板和9.1次助攻。凭借出色表现，詹姆斯也蝉联了11月份和12月份的东部最佳球员。至此，詹姆斯共获得了36次月最佳球员称号，再度刷新了NBA这项荣誉的历史纪录。

2017年年末，詹姆斯被评为美联社年度最佳男运动员。作为球队领袖，他虽然没有率领骑士卫冕，但作为一名球员，他的强大无人能及，这一点已无须赘言。

wish
LAKERS
23

2010年代

洛杉矶之紫金中兴
湖人皇时代

Los Angeles Lakers
2018—2023

16

2018

单骑逆旅巅峰詹

2018 年是詹姆斯生涯最特别的年份，他率先夺得生涯第三座全明星 MVP 奖杯，之后又打出季后赛史上最具统治力的个人表现。两番“抢七”，两次绝杀，率领骑士残阵一路逆袭，连续第八年登上东巅。总决赛首战独砍 51 分，却无法以一己之力抗衡“宇宙勇”，将孤胆英雄的悲情演绎到极致。那年夏天，他只身西游，加盟湖人，又将书写一段新的传奇。

2018 年伊始，小托马斯终于迎来骑士首秀。1 月 3 日，骑士大胜开拓者，小托马斯替补登场，砍下 17 分、3 次助攻。没有想到这场不温不火的首秀却是小托马斯在骑士的高光表现了。

小托马斯上赛季能在凯尔特人交出场均 28.9 分的耀眼数据，那是作为核心，全队战术支持的成果。而骑士是詹姆斯的球队，小马托斯打辅攻时 1.75 米的身高劣势过于明显。彼时乐福陷入伤停困扰，骑士又成为詹姆斯一人苦苦支撑的球队。

小马托斯作为主力难堪重任，而韦德、罗斯、德隆等发挥余热的老将们也难以改变大局。为了保持球队活力，骑士在 2 月 8 日开启大交易：将韦德、罗斯、

詹姆斯 2018 年荣耀简表

- 2018 年洛杉矶全明星赛首发
- 2018 年洛杉矶全明星赛 MVP
- 2017/2018 赛季最佳阵容一阵
- 2018 年东部联盟冠军
- 2018 年美联社最佳男运动员
- 2018 年 ESPY 最佳 NBA 球员

2018年洛杉矶全明星赛——詹姆斯队阵容名单
后排左起：沃尔、保罗·乔治、乐福、杜兰特、安东尼·戴维斯、德拉蒙德、阿尔德里奇
中排左起：贾玛·马赫拉莱拉、尼克·纳斯、德维恩·凯西、雷克斯·卡拉米亚
前排左起：德拉季奇、比尔、欧文、詹姆斯、威斯布鲁克、奥拉迪波、考辛斯、沃克

香珀特、克劳德、小托马斯和德隆全部送走，换来乔治·希尔、罗尼·胡德、克拉克森、小南斯。

这波交易也宣布骑士在2017年夏天引援失败，虽然不舍好兄弟韦德离去，但詹姆斯必须带领骑士继续前进，他在荣膺东部月最佳球员之后，迎来全明星赛周末时间。

2018年2月19日，全明星正赛在洛杉矶打响，此届比赛放弃了东西部对抗的传统形式，而是由东西部票王为队长，两位队长挑选球员组队比赛（两队以队长的名字命名）。

此次全明星赛是詹姆斯队对阵库里队。作为队长，詹姆斯表现非常闪耀，砍下29分、10个篮板和8次助攻，率队以148比145击败库里队。詹姆斯也第三次夺得全明星MVP奖杯，仅少于科比和佩蒂特的四次。本场是詹姆斯连续第14次首发出战全明星赛，超越库西，成为全明星赛史上连续首发场次最多的球员。

詹姆斯在全明星赛收获了自己的第三座MVP奖杯，回到常规赛程之后，又创造了新的里程碑。2月28日，骑士在主场以129比123战胜篮网，詹姆斯得到31分、12个篮板，并在最后的1分32秒，妙传小南斯中投命中，完成了本场比赛的第11次助攻，也是生涯的第8000次助攻，自此，詹姆斯一跃成为NBA史上首位总30000分、8000个篮板和8000次助攻的球员，速贷中心球馆的20562名观众亲眼见证了这个里程碑时刻。

作为NBA史无前例的“30000+8000+8000”先生，如果将“得分、篮板、助攻”三大排行榜综合在一起排名，詹姆斯可谓一骑绝尘。

进入 3 月份，詹姆斯场均砍下 31 分，并贡献 9.5 个篮板、9.5 次助攻，独自一人驱动骑士不断前进。彼时詹姆斯已经 33 岁了，但体内似乎拥有无穷无尽的能量。

2017/2018 赛季结束，骑士最终取得 50 胜 32 负的不俗战绩，排名东部第四，值得一提的是，西部勇士取得 58 胜。詹姆斯在常规赛打满 82 场比赛，场均得到 27.5 分、8.6 个篮板、9.1 次助攻，得分是他自 2010 年以来的最高值，助攻创生涯新高。詹姆斯火力全开，已抵达无人企及的境界，唯一的动力就是超越自我，率领骑士取得总冠军。

2018 年 4 月，詹姆斯率领骑士踏上争夺总冠军的旅程。在他即将呈现 NBA 季后赛史上最具统治力的个人表演之前，我们看一下此时骑士的首发阵容：乔治·希尔（32 岁状态下滑的二流控卫）、J.R. 史密斯（著名的“神经刀”）、勒布朗·詹姆斯、凯文·乐福（虽然是全明星，但状态低迷并且打法偏软）、特里斯坦·汤普森（守强攻弱型中锋）。

至于替补阵容的罗德尼·胡德、克拉克森，虽然是乱战好手，但彼时还难堪重任，当然骑士也有科沃尔这位 37 岁的神射手，但毕竟年事已高。这是一支天赋平平的球队，在季后赛与其他劲旅对决时，除了拥有詹姆斯之外，没有其他任何优势。

但在东部赛区，骑士只拥有詹姆斯这一个优势，就够了！

季后赛首轮第一场，骑士就被步行者打了一个“下马威”，印第安纳人以 98 比 80 取得一场大胜，詹姆斯季后赛连续 21 场首战胜利的纪录戛然而停止。

首战失利，舆论一片哗然，一支连续三年统治东部、志在夺冠的球队，被步行者轻松击败，甚至看不到取胜的机会。对此，詹姆斯回应淡定：“我们只不过是在季后赛首先输掉一场比赛，我们也曾在总决赛以 1 比 3 落后过，这些没什么。”

4 月 19 日，季后赛首轮第二场，詹姆斯开局便独得 13 分，打了步行者一个 13 比 0，之后两队陷入焦灼，最终詹姆斯砍下 46 分，率领骑士在主场以 100 比 97 险胜步行者。

第三场，骑士在一度领先 17 分的情况下又被步行者逆转，总比分以 1 比 2 落后。

第四场，詹姆斯不得不全力应战。上半场结束时骑士以 60 比 50 领先，但下半场峰回路转。步行者在第四节将分差缩小到 2 分，危急时刻，科沃尔接詹姆斯传球，连续投中两记三分球。骑士在客场以 104 比 100 艰难战胜步行者，总比分扳成 2 比 2 平。詹姆斯得到 32 分、13 个篮板、7 次助攻。赛后他承认，这场比赛曾经到了最危急的时刻，他一度觉得可能平生第一次首轮出局了，但科沃尔的两记三分球帮助了球队。

4 月 26 日，第五场“天王山之战”在克利夫兰的速贷中心球馆打响。比赛开始，骑

Huntington
TISSOT
TISSOT
PLAYOFFS
SPALDING
NBA TV
SPALDING
PLAYOFFS
KORVER
26
CAVALIERS

士众将状态欠佳，詹姆斯只能依靠自己强攻，半场战罢，骑士以 49 比 56 落后于步行者。

下半场，骑士反超比分。比赛最后时刻，双方进入白热化角逐，小萨博尼斯中投命中，詹姆斯持球进攻出现失误，在还剩 33.6 秒结束时，两队战成 95 平。

此后，步行者的当家球星奥拉迪波持球上篮欲取两分，詹姆斯在身后送出“钉板”大帽并摘下篮板。最后 3 秒骑士边线发球，詹姆斯接球后迅速运至三分线外弧顶，无视赛迪斯·杨的防守拔起投篮，命中一记压哨三分球，凭借此球，骑士在主场以 98 比 95 击败步行者，拿下“天王山之战”，总比分以 3 比 2 领先。

完成绝杀之后，詹姆斯跃上技术台仰天长啸，享受速贷中心球馆全体球迷的欢呼与掌声，那一刻宛如皇者接受四方朝拜。此役，詹姆斯全场贡献 44 分、10 个篮板和 8 次助攻，在最后时刻的“一防一攻”成为决定这场比赛的“胜负手”。

值得一提的是，这是詹姆斯季后赛生涯第 4 次压哨绝杀（对阵魔术 1 次、步行者 2 次和公牛 1 次），超越乔丹（3 次），成为 NBA 季后赛史上压哨绝杀次数最多的球员。

赢得“天王山之战”，但接下来的第六场骑士又习惯性地输掉比赛。

输掉第六场之后，詹姆斯再次发威，在第七场 25 投 16 中，狂砍 45 分，贡献 4 次抢断，季后赛生涯总抢断数达到 399 次，超越皮蓬（395 次），成为季后赛历史总抢断王，并率领骑士在主场以 105 比 101 战胜步行者，总比分 4 比 3 淘汰对手，晋级东部半决赛。

东部半决赛，骑士对阵多伦多猛龙，虽然“北境双枪”德罗赞与洛瑞率领猛龙在常规赛取得东部战绩第一的 59 胜，但在季后赛的舞台上，他们似乎已经被詹姆斯形成“血脉压制”了，这次也不例外。四场战罢，詹姆斯率领骑士横扫猛龙，他在东部半决赛中场均得到 34 分、11.3 次助攻，打出统治级别的表现，并且在第三场再次完成绝杀神迹 。

2018 年 5 月 6 日，东部半决赛第三场，最后 8 秒双方战成 103 平。骑士最后一攻，詹姆斯从后场持球推进至前场，面对阿奴诺比的贴身防守，沿左侧突破，行进间拧身跃起抛投，一记轻松写意的“骑马射箭”，打板压哨命中，骑士以 105 比 103 险胜猛龙。詹姆斯完成了自己季后赛生涯的第 5 记绝杀，继续领跑 NBA 季后赛总绝杀榜。

洛瑞与德罗赞率领的猛龙再次被詹姆斯的骑士打败之后，“北境双枪”心灰意冷，洛瑞与德罗赞兄弟分手，德罗赞远赴马刺，“北境双枪”成为又一对被詹姆斯打散的组合。

半决赛横扫猛龙，詹姆斯完成史无前例的 12 次横扫对手，率领骑士在东部决赛与凯尔特人相遇。虽然缺少欧文、海沃德，但这支凯尔特人青年军在主帅史蒂文斯的带领下迸发出惊人的战力，塔图姆、杰森·布朗、斯马特等一干青年才俊表现得尤为惊艳，他们一度令阵容老化的骑士陷入危境。

凯尔特人在 2017/2018 赛季常规赛取得 55 胜 27 负，对阵骑士（50 胜）拥有主场优势，他们在波士顿北岸花园球馆打出气势如虹的团队篮球，连续两场大胜骑士。

第一场大胜骑士 25 分。

第二场詹姆斯豪取 42 分、10 个篮板、12 次助攻的豪华“三双”，第三节轰下个人季后赛单节新高的 21 分，依然无法阻止骑士在波士顿北岸花园球馆的一场溃败，94 比 107，13 分之差，宛如天堑，舆论一片看衰年迈的骑士。

第三场，回到主场的骑士一改颓势，大胜凯尔特人 30 分。

第四场，詹姆斯 28 投 17 中，砍下 44 分，率领骑士在主场以 111 比 102 再胜凯尔特人。此役过后，詹姆斯季后赛生涯总进球数达到 2368 个，超越“天勾”贾巴尔（2356 球）升至历史第一。骑士将总比分扳成 2 比 2 平，风云突变，两队又回到同一起跑线。

第五场“天王山之战”，凯尔特人回到 TD 北岸花园球馆，士气大盛，以 96 比 83 轻取骑士，依然延续着“主场不败”的纪录。

2018 年 5 月 26 日，东部决赛第六场转战至克利夫兰，骑士总比分以 2 比 3 落后，已经背临悬崖，本场必须胜，否则将被淘汰。

We help you manage life's storms
23
CAVS

此情此景，似曾相识，又是2比3落后，又是面对凯尔特人，与2012年如出一辙，又逼出来一位“杀意弥天”的勒布朗·詹姆斯！

此役开场仅5分钟乐福就受伤离场，詹姆斯更加孤单。他全场全场只休息57秒，33投17中，狂砍46分，贡献11个篮板、9次助攻，并且在第四节决胜时刻连得8分，率领骑士主场以109比99战胜凯尔特人，将东部决赛拖入“抢七大战”。

5月28日，东部决赛第七场，骑士奔赴波士顿北岸花园球馆挑战凯尔特人。

此前，凯尔特人在北岸花园连续三场轻取骑士，他们似乎更有希望将“主场不败”定律延续到底，成为“铁律”。而乐福在第六场受伤导致脑震荡，此战缺阵，詹姆斯不得不再次“单核”应战。胜负的天平已经向“绿衫军”倾斜……

然而，站在凯尔特人面前的是历史最强级别的“巅峰詹”。

逆天改命，支手擎天！詹姆斯在比赛最后1分08秒一条龙持球推进，扛着马基夫·莫里斯的硬拽，打进制胜进球后，发出“狮王”般雄浑怒吼，摧毁对手最后的心理防线。

此役，33岁零148天的詹姆斯拼光最后一颗子弹，打满48分钟，24投12中，得到35分、15个篮板、9次助攻准“三双”，率领骑士在客场以87比79战胜凯尔特人，以总比分4比3淘汰对手，完成自己生涯“抢七”的六连胜之后，率领骑士连续四年晋级总决赛，对手依然是勇士。

值得一提的是，这是詹姆斯连续第八年率队进军总决赛之旅，连续第八年拿下东部冠军，他在东部赛区开创了长达八年的漫长统治期。

无论是年轻的塔图姆、布朗

们，还是正值当打之年的德罗赞、洛瑞、霍福德、奥拉迪波们，都成为詹姆斯统治期的“受挫者”，有的甚至因此改变了命运。

2018年总决赛，骑士对决勇士，无比熟悉的老对手，只不过彼此又老了一岁。

骑士阵中少了欧文这把得分利刃，但詹姆斯打出季后赛史上最强悍的个人进攻，一路过关斩将，把骑士带到总决赛之后，个人进攻值也已达到生涯最顶点。

2018年6月1日，总决赛首战在甲骨文球馆开打，这是骑士与勇士创纪录的连续第四年在总决赛相遇。彼时阵容老化的骑士显然无法与“宇宙勇”抗衡，但詹姆斯挟季后赛的神勇，率领骑士与勇士鏖战不落下风。

第二节末段，詹姆斯在一次突破中，其左眼被格林戳伤，视线变得模糊，虽然此伤一直困扰詹姆斯接下来的总决赛，但彼时“血灌瞳仁”的詹姆斯战力值飙升。

下半场，带伤上阵的詹姆斯率领骑士与勇士缠斗到最后。终场前50.8秒，詹姆斯上篮“2+1”，骑士以104比102反超。随后杜兰特两罚两中，将比分扳成104平。此后詹姆斯又突破上篮得分，库里回敬一个“2+1”，终场前23.5秒，骑士以106

比 107 落后勇士 1 分。

最后一攻，詹姆斯传至篮下乔治·希尔，后者造成对手犯规。终场前 4.7 秒，希尔获得两次罚球，两罚全中有希望取得胜利，可惜第二罚没中，比分变成 107 平。

J.R. 史密斯机敏地抢下进攻篮板，却放弃篮下得分、反超比分的良机，将球运到外线，几乎耗光时间，在詹姆斯嘶吼提示下，才猛然醒悟，“甩锅”给希尔，后者接球后仓促出手被封盖。常规时间终场哨响，两队战成 107 平，进入加时赛。

整个过程詹姆斯都尽收眼底，除了嘶吼，无能为力，徒叹奈何。

近在咫尺的胜利，却因 J.R. 史密斯的“无厘头”搅局而变得遥遥无期。

加时赛骑士士气低落，最终以 114 比 124 不敌勇士，痛失首场比赛的胜利。

詹姆斯在此战中 32 投 19 中，砍下总决赛个人最高的 51 分，单赛季季后赛第八次得到至少 40 分，追平杰里·韦斯特并列历史第一，并送出 8 个篮板、8 次助攻。独力硬刚杜兰特、库里、汤普森三大高手，率领实力平平的骑士几乎要掀翻“宇宙勇”，收获一场比 2001 年总决赛首场艾弗森独砍 48 分击败“OK”湖人的更伟大的胜利。然而，因为 J.R. 史密斯的低级失误，让创造总决赛 51 分壮举的詹姆斯成为一位“空砍帝”。

当时赛后 J.R. 史密斯对于自己“无厘头”行为给出解释：“希尔第二罚不中，我抢下篮板时，以为我们领先，所以我想将球运到外线把时间耗尽。”

多年以后，当 J.R. 史密斯谈起 2018 年总决赛第一场时，后悔地表示：“是我毁掉了詹姆斯 51 分的伟大表演，他全力带领我们取得胜利，而我却错失了绝杀的机会。”

关于 JR 的解释与忏悔，随着岁月流转都变得不再重要。而遗憾的是，2018 年季后赛，詹姆斯打出历史级别的个人表现，场均以 53.6% 的命中率轰下 34.2 分，贡献 9.1 个篮板、9.2 次助攻，送出两记绝杀，制霸两轮“抢七大战”，率领实力平平的骑士一路连克强敌，与勇士完成连续四年的总决赛之约。这样一次载入史册的非凡之旅需要一场伟大的比赛作为注脚，可惜詹姆斯的 51 分却有个失败的结局。

骑士首场输给勇士，士气受挫，更致命的是，詹姆斯被格林戳中的左眼充血肿胀，视线变得模糊。尽管这样，詹姆斯还是带着“血瞳”在总决赛上打出强悍表现，怎奈孤掌难鸣，缺少有力支援的詹姆斯只能目睹骑士被勇士横扫。2018 年总决赛被认为是史上最无悬念的对决，仅有的一点悬念也被 JR 消灭了，但詹姆斯的伟大尤为凸显。

2018 年 7 月，詹姆斯做出职业生涯的第三个决定。一纸四年 1.53 亿美元的合同达成，詹姆斯加盟了洛杉矶湖人。如果说第一个决定——在 2010 年加盟热火是要趁自己年轻来拼得总冠军，第二个决定——在 2014 年回骑士是要在壮年时为家乡圆冠军梦，那么第三个决定——在 2018 年来湖人是要在职业生涯后期为了家庭和未来迎接新的挑战。

2018 年的詹姆斯再一次告别自己的家乡克利夫兰，与上次充满争议的告别不同，这次告别受到全克利夫兰人的祝福与怀念。因为他率领骑士逆转 73 胜的勇士，夺得总冠军，圆了这座城市渴望 52 年之久的冠军梦；因为 33 岁的詹姆斯披坚执锐，扛着年迈的骑士在东部撕开一条通向总决赛的道路，历史的伟大不过如此。

詹姆斯把生涯最巅峰的年华都奉献给家乡的骑士，成为克利夫兰永恒的骄傲。

詹姆斯来到西部湖人，一时间引起轩然大波，以前总有人挑剔，以西强东弱来试图抹杀詹姆斯“独霸东巅”的成就。如今，他只身西伐，将用实际行动来打消质疑。

在率领热火、骑士夺冠之后，詹姆斯将要挑战成为全美四大联盟中那个唯一率领三支球队拿到总冠军的人。甚至，他想要挑战的还有更多……

彼时，湖人虽然沦为西部弱旅，却拥有无比显赫的过往。他们拥有 16 个总冠军（联

2018 年之夏，詹姆斯在完成 NBA 史上最伟大季后赛表演之后，再次告别克利夫兰，留下了一段历时四年的“骑士 2.0”璀璨光阴。

2014 年夏天，詹姆斯回到克利夫兰之后，就率领骑士在当赛季登上东部之巅，并一连雄踞四年，与西部勇士在总决赛上分庭抗礼。

从 2015 年到 2018 年，詹姆斯率领骑士四夺东部冠军，四次挺进总决赛，与勇士鏖战四番，成就了一段双雄争霸的 NBA 史诗岁月。

2016 年，詹姆斯率领骑士掀翻（常规赛 73 胜的）勇士，完成总决赛史上最大逆转。夺冠之后，詹姆斯终于兑现了率领家乡球队夺得总冠军的诺言，那一刻他俯身泪落，留下 NBA 史上最为动情的瞬间。

2014 年，克利夫兰对于詹姆斯，失而复得，2018 年，四年前又得而复失，不过这一次詹姆斯离去，克利夫兰送出由衷的祝福，毕竟，这位克利夫兰之子把最好的年华都留在这里。

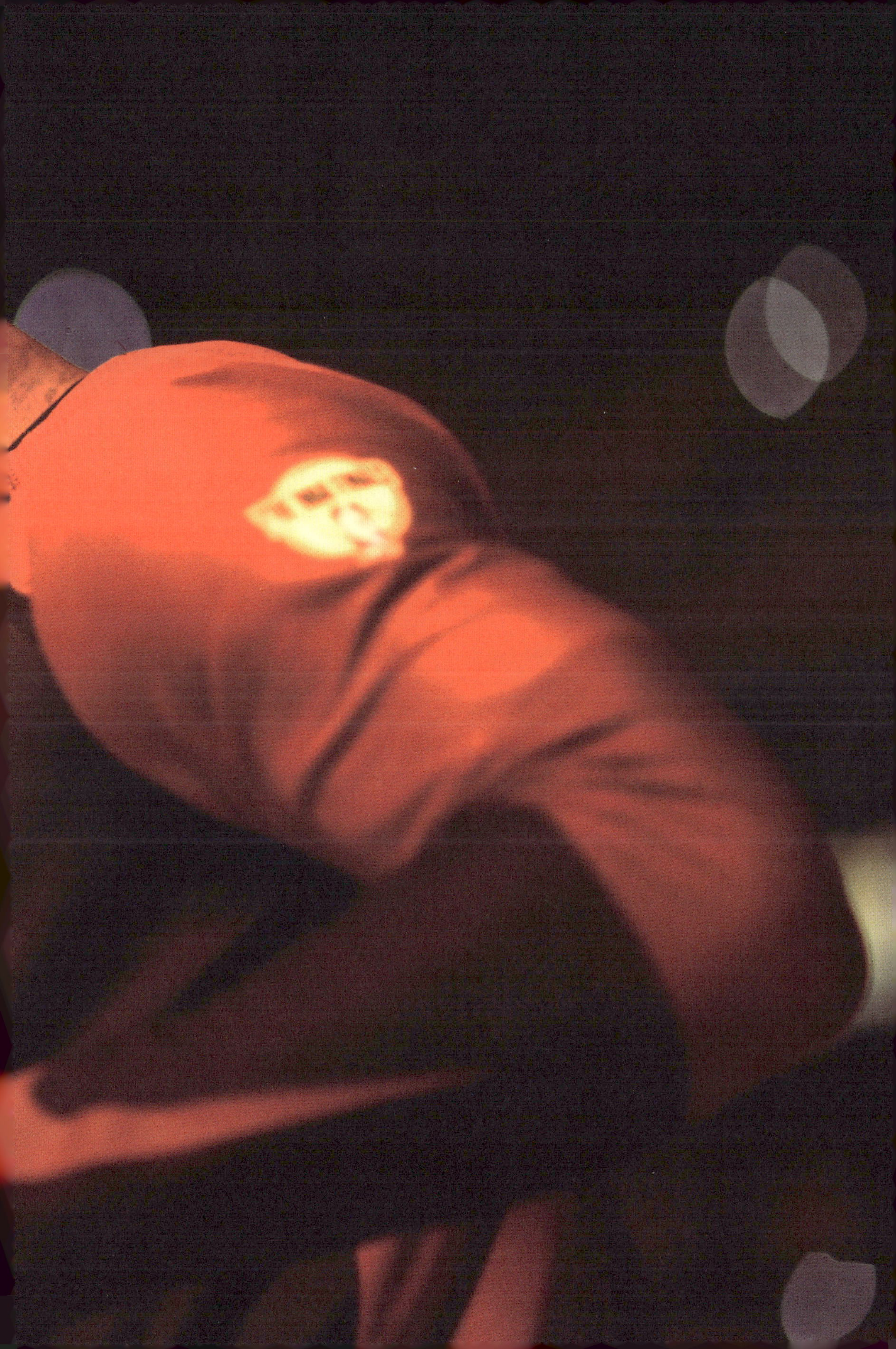

盟第二多，仅少于凯尔特人的 17 个），拥有 NBA 史上最华丽的巨星传承：麦肯、韦斯特、贾巴尔、魔术师、奥尼尔、科比……连绵如峰，撑起紫金王朝的那片璀璨星河。

湖人所在的洛杉矶是明星云集的大城市，拥有无限的商业潜能以及曝光率。洛杉矶有着足够的商业体量、市场规模，以及在其他领域开疆拓土的可能性。詹姆斯加盟湖人，是希望在退役后能更好地管理旗下的公司，并在商业领域开疆拓土。

此外，詹姆斯的长子——初露篮球天赋的布朗尼，已确定将前往洛杉矶私立篮球名校塞拉峡谷中学就读，因此詹姆斯已经购买了洛杉矶的“学区房”。

詹姆斯来到湖人，NBA 顶级的巨星来到历史最辉煌、最有商业价值的球队，可谓相得益彰。此时的詹姆斯蝉联过总决赛 MVP，完成过总决赛史上最传奇的大逆转。在刚刚过去的季后赛中，又逆天呈现出 NBA 历史上最恐怖的个人攻击力。虽然和勇士四次总冠军对决三次落败，但谁也无法否认，詹姆斯仍然是这个联盟中最强大的个体。他已经兑现了克利夫兰的冠军梦，他所处的高度驱动他来寻求新的突破。

2018 年的湖人陷入历史的谷底，过去 5 年，连续 5 次缺席季后赛，让这支 NBA 传统豪门蒙羞，湖人在此前近 70 年的历史中，合计才缺席过 5 次季后赛。

湖人迫切需要中兴，而詹姆斯这位雄才大略的“皇帝”才是他们最好的选择。

四届常规赛 MVP，三届总决赛 MVP，三届全明星 MVP，十二次最佳阵容一阵，五次最佳防守一阵，十四次全明星首发，季后赛总得分历史第一，历史最年轻 30000 分先生，历史唯一“30000+8000+8000”，五次季后赛压哨绝杀历史第一，九进总决赛，连续八年东部冠军，三枚总冠军戒指……图腾荣誉、黄袍加身，即便现在退役也是历史前五，极有可能坐二望一。

如今的詹姆斯在个人荣誉与能力上，已经无须再证明什么了……

然而要成为传奇，你需要更多总冠军。

2017/2018 赛季，虽然湖人（35 胜 47 负）战绩惨淡。但他们拥有鲍尔、库兹马、英格拉姆这样有潜力的青年才俊，以及史蒂芬森、隆多、波普等悍将，如果能围绕在詹姆斯身边，有望打造成一支战力不俗的全新湖人。

2018/2019 赛季大幕开启，10 月 19 日，对阵开拓者，詹姆斯迎来湖人首秀，他用一条龙战斧劈扣，打开自己的湖人得分账簿，最终交出 26 分、12 个篮板、6 次助攻的典型勒布朗式数据答卷。虽然未能率队取胜，但表现可圈可点。

10 月 28 日，湖人不敌马刺，詹姆斯砍下 35 分，职业生涯常规赛总得分达到 31202 分，超越诺维茨基（31187 分），升至历史总得分榜的第六位。11 月 15 日，湖人在主场以 126 比 117 战胜开拓者，詹姆斯得到 44 分、10 个篮板、9 次助攻，常规赛总得分达到 31425 分，超越张伯伦（31419 分），跻身历史第五。

自此，NBA 前五大得分手，竟然有四位曾披湖人战袍——贾巴尔、卡尔·马龙、科比、詹姆斯，仅有乔丹未曾效力过“紫金”……

11 月 19 日，湖人在客场以 113 比 97 大胜热火。重回迈阿密，詹姆斯 31 投 19 中，三分球 8 投 6 中，拿下湖人新高的 51 分。此役，尚在热火的韦德并未到场，但这是“闪电侠”的最后一个赛季，詹姆斯用一场飙分盛宴隔空为好兄弟韦德作别。而詹姆斯完成独砍 51 分的壮举，令迈阿密媒体不禁慨叹：“我们也曾拥有他！”

11 月 22 日，湖人客场挑战骑士，詹姆斯重回克利夫兰。速贷中心球馆座无空席，迎接他的是漫天的掌声与喝彩。骑士球迷感激詹姆斯在这里奉献最宝贵的 11 年，并实现夺冠的诺言。当那位熟悉的 23 号身影再次出现在速贷中心球馆时，一如昨天。而骑士的那句“仿佛一切都没有变，只是你已不再属于我”，令人动容。

最终，詹姆斯得到 34 分、14 个篮板、7 次助攻，率领湖人在客场以 109 比 105 击败骑士，拿到两连胜。赛后，詹姆斯与骑士的昔日队友们逐一拥抱，亲密与默契度一如从前。

詹姆斯率领湖人打出一波连胜，将胜率提升到五成以上，一度排名西部前五。

然而，拥有钢铁不坏之躯的詹姆斯在“圣诞大战”时遭遇伤病危机。当时，湖人遥遥领先勇士，第三节，詹姆斯倒地救球时不慎拉伤腹股沟，从此进入伤病名单，缺席余下的 17 场比赛，创个人生涯最长缺阵纪录，此前他最长缺阵纪录仅为 8 场。

17

2019

詹眉相聚天使城

2019 年，詹姆斯在湖人的首个赛季并不完美，他虽然依然保持顶级水准，但首次遭遇了伤病的困扰。

因为伤病，他缺席了 17 场比赛，而湖人因为他缺席 17 场比赛，再度沦落到季后赛的门外。詹姆斯也被破天荒地选入第三阵容。面对纷至沓来的各种质疑，詹姆斯在场下用自嘲“过气的国王”的方式来平复，在场上却用最凶猛的方式来反击。这年夏天“浓眉”的到来，让湖人有了冲冠的资本，詹姆斯也有望成为“紫金王朝”中兴的一代雄皇。

在詹姆斯的职业生涯里，2019 年是遭遇伤病困扰最严重的一年。“圣诞大战”遭遇腹股沟拉伤，让詹姆斯连续缺席了 17 场比赛，创个人 NBA 生涯连续伤停场次之最。詹姆斯因伤休战期间，湖人仅取得 6 胜 11 负，排名从西部第四一路下滑到第九，季后赛的形势岌岌可危。

球队陷入困境，詹姆斯如坐针毡。2 月 1 日，湖人对阵快船，詹姆斯提前复出，出战 40 分钟，拿下 24 分、14 个篮板和 9 次助攻的“准三双”，率领湖人以 123 比 120 击败快船，“洛城德比”取胜后，止住球队下滑趋势。

2019 年 2 月 18 日，全明星赛在夏洛特正式打响，詹

詹姆斯 2019 年荣耀简表

- 2019 年夏洛特全明星赛首发
- 2018/2019 赛季最佳阵容三阵
- 2019 年全球百大影响力人物

姆斯以 4620809 票连续第三年当选“票王”，也是其生涯第 6 次获此殊荣。最终，詹姆斯队在全明星赛上以 178 比 164 击败阿德托昆博队。值得一提的是，这是韦德与诺维茨基的最后一次全明星赛，现场对两位巨星特别举办了致敬环节。韦德（詹姆斯队）与（阿德托昆博队）诺维茨基从各自队长手中接过了全明星纪念版球衣，现场响起经久不息的掌声。一位是曾并肩作战的挚友，一位是曾巅峰对撼的劲敌，詹姆斯的目光掠过韦德与诺维茨基时，心中顿生无限感慨与不舍，五味杂陈，无处抒怀。

第三节刚开始，詹姆斯在侧翼送出妙传，韦德空切接球后完成双手暴扣。“詹韦连线”再一次、也是最后一次闪亮全场，詹姆斯也用这种方式送别了好兄弟韦德。

2019 年 3 月 7 日对阵掘金，詹姆斯得到 31 分，生涯常规赛总得分达到 32311 分，在 NBA 历史得分榜上超越迈克尔·乔丹（32292 分），排名升至第四位。

完成对于乔丹的超越后，詹姆斯百感交集：“对于一个来自阿克伦的孩子来说，一路走来能够取得如此成就，需要有人鼓励，而乔丹就是给予我鼓励的那个人。”

超越乔丹的喜悦还未散去，湖人晋级季后赛的希望就提前破灭了。

3 月 23 日，湖人主场 106 比 111 不敌篮网，在常规赛仅剩 10 场时，落后西部第八的马刺 10.5 个胜场，连续六年无缘季后赛。詹姆斯提前复出未能恢复到最佳状态，加上交易流言让年轻球员人心惶惶，湖人在 2018/2019 赛季可谓提前尘埃落定。

常规赛还剩 6 场时，詹姆斯轮休了，提前结束本赛季征程。2018/2019 赛季，詹姆斯出战 55 场比赛，场均得到 27.4 分、8.5 个篮板、8.3 次助攻，是联盟本赛季唯一得到“27+8+8”数据的球员，这标志着，在健康的前提下，詹姆斯仍雄踞联盟顶端。入选赛季最佳阵容三阵更像是安慰奖，而外界关于“詹姆斯老了”的论调更是无稽之谈。

2018/2019 赛季，湖人仅取得 37 胜 45 负，最终排名西部第十，无缘季后赛。詹姆斯连续 13 年打进季后赛、连续 8 年杀进总决赛的纪录戛然而止。

2018/2019 赛季，“字母哥”捧起常规赛 MVP 奖杯，伦纳德率领猛龙夺得总冠军。詹姆斯的老对手勇士在总决赛失利，且连折杜兰特、汤普森两员大将，三连冠瞬息梦碎，“金州王朝”轰然倒塌，连续四年的总决赛“骑勇大战”也封存在时代的记忆中。

一个时代落幕，一个时代崛起，时代更迭，詹姆斯依然要做新时代的“皇帝”。

2019 年 4 月 13 日，湖人解雇了执教三个赛季的卢克·沃顿，5 月 12 日，聘请来昔日步行者、魔术的教练弗兰克·沃格尔担任新主帅。

6 月 16 日，湖人又送出郎佐·鲍尔、布兰登·英格拉姆、约什·哈特和三个首轮签，从鹈鹕交易来安东尼·戴维斯，以梭哈的方式换来现在的超强即战力。

詹姆斯得知戴维斯到来，心中喜悦：“AD（安东尼·戴维斯）要来了，让我们一起努力，这只是开始。”

安东尼·戴维斯是 2012 年 NBA 选秀的“状元”，加盟湖人之后，成为詹姆斯的第二位“状元”队友，上一位是凯里·欧文（2011 年“状元”），两人在合作的第二个赛季便率领骑士夺冠。“皇帝”詹姆斯与“浓眉”戴维斯，将组成当时联盟最强的内外锋线“詹眉组合”，湖人再度跻身夺冠热门球队的行列，“紫金王朝”有了一丝中兴的希望。

7 月 3 日，昔日凯尔特人的冠军控卫拉简·隆多加盟湖人，“紫金军团”终于有了除詹姆斯之外的优秀指挥官。

8 月 25 日，在外辗转漂泊的“魔兽”霍华德重回湖人，身披 39 号战袍，辅佐“詹眉组合”冲击总冠军。

ME • LIFE
Germania
THE INSURANCE TEXANS
LAKERS
23
F-150 CLUB
THE INSURANCE
MAVERICKS
10

2019 年 10 月 23 日，新赛季揭幕战，湖人对阵同城死敌快船。新科总决赛 MVP 伦纳德在今年夏天入主快船，保罗・乔治也来加盟，当今联盟排名前五的小前锋，快船已得其二，拥有了叫板湖人的硬实力，最终快船以 112 比 102 击败湖人。

湖人在揭幕战输给快船之后，旋即开启一波七连胜。

七连胜期间，11 月 2 日，詹姆斯率领湖人客场挑战独行侠，与炙手可热的“新人王”东契奇展开一场荡气回肠的“全能对飙战”。此役，詹姆斯拿下 39 分、12 个篮板、16 次助攻，率领湖人以 119 比 110 加时击败独行侠。而东契奇也不遑多让，砍下 31 分、13 个篮板、15 次助攻，与詹姆斯携手成为 NBA 史上第一对同场砍下“30+ 大三双”的球员。

虽然率队获胜，但詹姆斯还是给予 21 岁的东契奇由衷的赞赏，“这小子太强了！”

此后，詹姆斯又率领湖人连克马刺与公牛，他也连续 3 场打出“三双”数据，以 34 岁零 310 天的年龄，打破了基德保持的连续 3 场“三双”最年长球员纪录。

11 月 11 日，湖人输给猛龙之后，詹姆斯又率领湖人打出一波十连胜，追平湖人队史最佳开局（17 胜 2 负）。“詹眉组合”初显神威。詹姆斯依然保持 MVP 级别的水准，而拥有 2.27 米臂展的戴维斯在攻防两端展现出强大的统治力。

十连胜期间，詹姆斯频频缔造“名场面”。11 月 16 日，詹姆斯迎着别利察奉献了一记雷霆万钧的隔人劈扣，瞬间梦回巅峰，率领湖人在主场险胜国王。

2019 年 11 月 28 日，湖人在客场对阵鹈鹕，詹姆斯得到 29 分，生涯总得分突破 33000 分大关，成为继贾巴尔（38387 分）、卡尔・马龙（36928 分）和科比 (33643 分) 之后，NBA 历史上第四位达到 33000 分里程碑的球员。同时，詹姆斯还超越科比，以 34 岁零 332 天的年龄，成为 NBA 历史上最年轻的 33000 分先生。

12 月 30 日，在 35 岁的生日到来之际，詹姆斯再次收下一项伟大纪录，在对阵独行侠的比赛中他送出 13 次助攻，生涯助攻总数达到 9009 次，成为 NBA 历史上唯一一位同时获得至少 33000 分 +9000 篮板 +9000 助攻的球员。

詹姆斯以创造历史的方式，结束了 2019 年的征程，湖人以 26 胜 7 负的战绩高居西部第一，他们上一次在赛季前 33 场拿到 26 胜还要追溯到 2009/2010 赛季，那是“紫金军团”上一次夺冠的赛季。

PROUD

星辰大海

LeBron James

2020年代

18

2020

紫金夺冠致曼巴

2020 年，科比的突然离去以及新冠肺炎疫情的爆发，给这个世界带来无尽的悲伤，而詹姆斯率领湖人最终夺得总冠军，用篮球给世人带来温暖与力量。詹姆斯成为 NBA 史上唯一一位率领三支球队都夺冠的球员，他率队十进总决赛，四夺总冠军与总决赛 MVP，实现了“纵冠东西”的神话。

时间来到 2020 年 1 月 25 日（美国时间），湖人远赴费城，以 91 比 108 不敌 76 人，詹姆斯砍下 29 分、7 个篮板、8 次助攻，生涯总得分超越科比（33643 分），位列 NBA 总得分榜的第三位，仅次于马龙（36928 分）与贾巴尔（38387 分）。

总得分超越科比，詹姆斯说：“能够超越科比是一件非常酷的事，他和我都是以高中生身份选秀进入 NBA，每一天都在努力成为最好的球员。当我来到湖人，与科比有了更多的交流，他给予我莫大的激励，并支持我去超越他的纪录。”

科比也在詹姆斯总得分超越自己之后，在个人

詹姆斯 2020 年荣耀简表

- 2020 年芝加哥全明星赛首发
- 2019/2020 赛季最佳阵容一阵
- 2019/2020 赛季助攻王
- 2020 年 NBA 总冠军
- 2020 年总决赛 MVP
- 2020 年《体育画报》年度最佳运动员
- 2020 年美联社最佳男运动员
- 2020 年《时代周刊》年度最佳运动员

社交媒体上写道："继续前进，我的兄弟。"他们之间不仅是巨星之间的惺惺相惜，也是一种潜移默化的"紫金传承"。

如果就这样岁月静好，那么一切多么完美。可令人悲痛的是，这个世界没有"如果"。

2020 年 1 月 26 日（美国时间），噩耗传来，科比与二女儿吉安娜在一场直升机事故中不幸去世，篮球进入了最黑暗的一天，世界无数球迷也为之黯然神伤。

据悉，科比与吉安娜原本是乘私人直升机去千橡树市的曼巴体育学院参加一场比赛，途中遭遇大雾，能见度太差。迷失方向后的直升机试图飞跃高山未果后失控，极速坠落。飞机落地后燃起大火，完全摧毁了最后的一线生机。

科比不仅是无数球迷的传奇偶像，也是许多 NBA 球员的精神导师，他的"曼巴精神"激励着球员们在赛场上忘我拼搏。在他离世的当天，所有 NBA 比赛都进行了缅怀活动。

所有球队都在比赛的第一次进攻时，完成 24 秒超时或 8 秒违例，以此缅怀科比。湖人在得知科比去世之后，陷入巨大的悲痛之中，他们与快船的"德比战"因此延期。

彼时，詹姆斯正随湖人一起从费城返回洛杉矶，得知科比罹难的噩耗，詹姆斯难以抑制心中的悲痛，掩面痛哭。在科比遇难的第二天，詹姆斯通过社交媒体表达哀思。

“我满脑子想着你，想着我的侄女吉安娜，想着我们之间的兄弟情谊。我在从费城返回洛杉矶时还听到你的声音，没想到那是我们最后一次通话。我心都碎了！

“我向你保证，会继承你的遗志，率领湖人继续前进。请从天堂赐予我力量吧，并来见证！”詹姆斯还晒出一张他与科比在斯台普斯球馆的合影，彼此笑容灿烂。

詹姆斯知道，唯有率领湖人夺得总冠军，才是对在天上的科比最好的缅怀。

为了缅怀科比，詹姆斯还在左腿上添加了新文身，图案是黑曼巴蛇缠绕着鲜花和24、8 号码，“浓眉”戴维斯也文上黑曼巴蛇紧缠（科比）剑鞘标志的图案。

詹姆斯和科比，那个“黄金时代”里两位最好的球员，从未在总决赛上演“23PK24”的巅峰对决，成为一代球迷的遗憾。但两人在多年对抗中不断成长，互相勉励，这种亦敌亦友的关系也是难能可贵。如今，詹姆斯来到湖人，接过科比的旗帜，率队去完成“王朝中兴”的紫金宏愿，更是一种莫大的缘分。

2020 年 2 月 17 日，芝加哥全明星赛全程充满着致敬科比的元素。勒布朗队身着 2 号球衣，以示对科比女儿吉安娜（身披曼巴体育学院 2 号球衣）的缅怀，同时“字母哥”队身穿 24 号球衣纪念科比。此外，为了纪念科比，全明星 MVP 奖更名为“科比 · 布莱恩特 MVP 奖”。科比曾 4 次获得全明星 MVP（与佩蒂特共享获奖最多），18 次入选全明星首发，以科比命名全明星 MVP 奖，可谓是实至名归。

每位球员都在全明星赛上拼尽全力。最后时刻，詹姆斯一度拼到抽筋，洛瑞多次被撞倒，恩比德被摔出 3 米远，一场普通的全明星赛打出总决赛级别的对抗，因为大家知道，如果科比在天上看到这帮兄弟如此奋力搏杀，打出了“曼巴精神”，也会非常欣慰。

最终，詹姆斯队凭借戴维斯关键罚球，以 157 比 155 险胜“字母哥”队。伦纳德砍下 30 分，命中 8 记三分球，捧起“科比 · 布莱恩特 MVP 奖”杯（全明星 MVP 杯）。詹姆斯全场砍下 23 分，这是他连续第 16 次全明星赛首发出场，刷新历史纪录。

科比去世，激发起湖人的斗志。詹姆斯率队高歌猛进的同时，顺便成为最年轻的 34000 分先生，并在职业生涯中一共拿下 9000 多个篮板与 9000 多个助攻。

2 月 26 日，湖人坐镇主场迎战鹈鹕，詹姆斯面对身体劲爆的新科“状元”蔡恩 · 威廉森，砍下 40 分，率领湖人以 118 比 109 击败鹈鹕，豪取六连胜。

3月7日，湖人对阵雄鹿，东西部榜首球队大战。詹姆斯砍下37分，贡献8个篮板、8次助攻，率队以113比103击败雄鹿，让“字母哥”的32分成为“空砍”。

2020年3月12日，新冠肺炎疫情在美国大爆发，NBA宣布无限期停摆。在停摆之前，湖人以（49胜14负）77.8%的胜率高居西部第一，已经拿到了季后赛的门票，标志着时隔7年之后，湖人终于可以重返季后赛舞台。

7月31日，经过141天的漫长等候，NBA终于在奥兰多的迪士尼封闭园区复赛了，22支球队集结在此，为了季后赛名额展开角逐，而8支彻底无望的球队沦为看客。

因为早已锁定季后赛，湖人在复赛期间未尽全力，仅取得3胜5负，在2019/2020赛季的最终战绩为52胜19负，依然高居西部第一。

在这个无比漫长而充满波折的赛季里，詹姆斯始终保持顶级水准，场均得到25.3分、7.8个篮板、10.2次助攻，生涯首次夺得赛季助攻王，并第十三次入选最佳阵容一阵。

“詹眉组合”也渐入佳境，他们一内一外，珠联璧合，策动全队，制霸攻防两端，俨然成为近十年里最具统治力的内外线组合。此时的詹姆斯，远赴奥兰多的唯一目标就是把总冠军奖杯带回洛杉矶，这一冠，也为了科比。

2020年8月19日，利拉德命中6记三分球，独砍34分，率领开拓者以100比93击败湖人，赢下季后赛首战，反观湖人全队才投中5记三分球，外线失准成为败因。

首战失利，“知耻而后勇”的湖人奋勇追击，连扳两场。其中第三战，詹姆斯开启“全力詹”模式，意在率队尽快摧毁对手。“开拓者双枪”哑火，安东尼挺身而出，“万花筒”进攻再现江湖，单节6投6中，独得13分。“甜瓜”银枪势无敌，唯有“皇帝”堪敌手。于是我们看到詹姆斯与安东尼“绝代双骄”再次对位攻守，一时间让无数球迷梦回青春。

此役詹姆斯得到38分、12个篮板、8次助攻，率领湖人以116比108击败开拓者，安东尼也得到20分，为自己职业生涯的暮年留下了闪亮的一笔。

8月25日（美国时间8月24日），季后赛第四场，这一天恰逢“科比日”，穿上“黑曼巴战袍”的湖人势不可挡，半场狂砍80分。詹姆斯全场12投10中，用超80%的高命中率砍下30分，并得到6个篮板、10次助攻，率领湖人以135比115大胜开拓者，并晋升为NBA历史上唯一的季后赛7000分先生。

第五战，湖人再次以131比122战胜开拓者，以总比分4比1淘汰开拓者，进军西部半决赛。此役中，詹姆斯19投14中，豪取36分、10个篮板和10次助攻的“大三双”。

回顾季后赛首轮，詹姆斯在先失一阵之后，曾说出要率队逆转。此后，他连续砍下30+，率领湖人连下四场，击败开拓者，完美地兑现了他的诺言。

湖人在西部半决赛迎战“双 MVP 组合”哈登、威斯布鲁克领衔的火箭。第一场湖人以 97 比 112 不敌火箭。连续两轮“开门黑”，詹姆斯依然镇定自若。

此后，“詹眉组合”联袂发威，率领湖人内外开花，全面压制火箭“极致五小”阵容，“休斯敦军团”在三分线外一度失去准星，无法与湖人抗衡。“紫金军团”取得一波四连胜，以总比分 4 比 1 淘汰火箭，时隔 10 年重返西部决赛的舞台。

詹姆斯在这轮西部半决赛中，季后赛总胜场数超越费舍尔（161 场），升至历史第一，季后赛胜率高达 65.6%，季后赛三分命中总数也超越了“神射手”雷·阿伦（385 记），高居历史第二位。詹姆斯在西部半决赛场均得到 25.8 分、10.4 个篮板和 7.4 次助攻，在与詹姆斯·哈登的“詹姆斯对决”中占得上风。

2020 年西部决赛，湖人对阵掘金。2009 年同样是这两队决战于西部之巅，如今物是人非，当年“黑曼巴”对决“小甜瓜”的踪影早已无处寻觅，如今是詹姆斯与“约老师”两位全能大师的对弈，也是“詹眉组合”与“双子星”约基奇、穆雷的内外线交锋。

9 月 19 日，湖人兵不血刃，以 126 比 114 击败掘金，赢下西决首场。

第二场风云突变，湖人一度领先 16 分，却被约基奇和穆雷领衔的掘金顽强扳回。最后的 2.1 秒时，掘金竟然以 103 比 102 领先 1 分。湖人落败似乎已成定局，但身上的“黑曼巴战袍”似乎给予他们神奇魔力。最后 2.1 秒，隆多底线击地发球给“浓眉”，后者

接球在三分线外 45 度角果断出手，皮球划过约基奇的指间，坠入网窝。凭借这记压哨三分球绝杀，湖人以 105 比 103 险胜掘金，拿到第二场的胜利。

戴维斯完成绝杀后振臂高呼“KOBE”，向天堂的“黑曼巴”深情致敬。

掘金于前两轮均在以 1 比 3 落后的逆境下，连扳三场，先后“抢七”挑落爵士、快船，此番他们面对湖人依然展现出“逆转之王”的坚韧与强悍，赢下第三场，输掉第四场。

前四场战罢，掘金总比分以 1 比 3 落后之时，似乎又到了熟悉的“逆转局”。

9 月 27 日，西部决赛第五场，掘金又一次发起绝地反击。第三节结束，顽强的掘金将比分追到仅差 3 分。第四节，詹姆斯独得 16 分，亲手扼杀掘金翻盘的希望。

全场战罢，詹姆斯狂揽下 38 分、16 个篮板、10 次助攻的超级“大三双”，率领湖人以 117 比 107 击败掘金，以总比分 4 比 1 淘汰对手，挺进总决赛，这也是湖人时隔 10 年再进总决赛，上次领军的是科比。詹姆斯也即将踏上生涯的第十次总决赛之旅。

詹姆斯在西部决赛场均得到 27 分、10.4 个篮板、9 次助攻的“准三双”数据，不仅盘活了全队的进攻，还多次打出现象级的个人表现，率领湖人登上总决赛舞台。

2020 年总决赛，洛杉矶湖人对阵迈阿密热火，詹姆斯面对昔日的老东家、曾经的主帅斯波尔斯特拉以及一干新球员，有一种“熟悉的陌生感”。联盟中没有几位比斯波更了解詹姆斯的教练，而詹姆斯也不需要隐藏什么秘密，他率队克敌凭的是硬实力。

2020 季后赛，东部排名第五的热火连番挑落雄鹿、凯尔特人，书写了“黑五”奇迹。热火阵容天赋不高，巴特勒（首轮第 30 顺位）、德拉季奇（次轮第 15 顺位）、阿德巴约（首轮第 14 顺位）、泰勒·希罗（首轮第 13 顺位），与坐拥三位“状元”（詹姆斯、戴维斯和霍华德）的湖人相比，阵容显得有点“草根”，但拥有野草一般的韧性。

2020年10月1日，总决赛首战，湖人以116比98轻取热火，后者不仅遭遇一场惨败，更付出两员大将受伤的沉痛代价：德拉季奇因足底筋膜撕裂伤退，阿德巴约肩部受伤。

湖人以124比114再胜热火，赢下第二场之后，总冠军归属似乎变得没有悬念。

总决赛第三战，热火缺少阿德巴约、德拉季奇两员大将，巴特勒挺身而出，砍下40分、11个篮板、13次助攻的“大三双”，以一己之力率领热火以115比104击败湖人。

巴特勒的强悍表现激发出詹姆斯的斗志。10月7日，总决赛第四战开场不久，詹姆斯便顶开希罗完成一记战斧暴扣，以此宣示必胜决心。此后他牢牢控制胜势，全场得到28分、12个篮板、8次助攻，率领湖人以102比96击败热火，以总比分3以1领先。

10月10日，总决赛第五战，湖人坐镇主场穿上“黑曼巴战袍”，希望能在此战夺下这个意义非凡的总冠军 。这场比赛也是CCTV5时隔一年之后首次直播的第一场NBA赛事，一个值得纪念的时刻。

湖人想以“曼巴精神”激励自己，却未料到激励了巴特勒，这位硬汉打出了一场“科比式”比赛，全场19投11中，罚球12罚全中，拿到35分、12个篮板、11次助攻的“大三双”。虽然詹姆斯以70%命中率掠下40分还以颜色，但湖人外线集体哑火以及戴维斯突然扭伤脚踝，让詹姆斯感到孤掌难鸣。

最后16.8秒，湖人以108比109仅落后热火1分，但随着丹尼·格林的空位三分球未能命中，巴特勒两罚两中，热火以111比108击败湖人。热火阵中的落选秀“神射手”邓肯·罗宾逊在此役命中7记三分，砍下26分，成为迈阿密人获胜的奇兵。

第五场，湖人在拥有天时、地利、人和的顺境中未能夺取总冠军，那么奔赴迈

阿密的第六场，詹姆斯以及湖人上下决定：就在第六场夺冠，不能再等了！

10月12日，总决赛第六场，湖人在客场一度领先热火30多分，最终以106比93战胜热火，以总比分4比2淘汰对手，夺得总冠军。时隔10年再次捧杯，湖人历史上第17次夺冠，追平凯尔特人，并列成为NBA历史上夺冠次数最多的球队。

詹姆斯全场20投13中，豪取28分、14个篮板、10次助攻的“大三双”，并主动请缨防守巴特勒，在攻防两端打出统治性的比赛。他在2020年总决赛场均得到29.8分、11.8个篮板、8.5次助攻，表现得无可挑剔，全票当选总决赛MVP可谓实至名归。

回首2020年夺冠之路，詹姆斯在整个季后赛都展现出非凡掌控力，以超过55%的命中率场均砍下27.6分，还有10.8个篮板、8.8次助攻入账。尽管他已年近36岁，但依然不断进化，总能在瞬息间找到制胜之道，用“点名”战术摧毁对手防守体系。

“詹眉组合”也打出历史级别的统治力，他们超越“OK组合”成为总决赛史上首对场均得分均超过25分、命中率超过55%的双人组合。

在奥兰多迪士尼封闭园区的球馆里，詹姆斯高高举起奥布莱恩杯与拉塞尔杯，如果现场有热火球迷（因为疫情球馆未对外开放，现场没有观众），心中一定五味杂陈，“那时我们也曾拥有詹姆斯，他为我们率队捧杯的场景也曾见过两遍。”

他已经第四次加冕总决赛MVP，并完成率领三支球队夺冠的壮举，在35岁的年纪，依旧跃马横枪，傲立在第一峰顶，成为雄视古今、胸怀天下的“皇帝”。

10月15日，在湖人夺冠72小时之后，詹姆斯在个人社交媒体上晒出了一张静坐沉思的照片，腿上放着科比的24号战袍，深情凝望……附文道：“希望我能让你感到骄傲，我的兄弟科比，想念你！”科比在2020年1月26日不幸罹难，他去世不久，詹姆斯曾眼含热泪说出承诺：“为了科比去率领湖人夺得总冠军。”如今詹姆斯兑现诺言，相信科比在天堂看到湖人夺冠的盛举，也会颔首微笑、非常欣慰。

2020年新冠肺炎疫情全球肆虐，NBA因此经历了停摆、复赛，2019/2020赛季在10

月中旬才得以结束，而新赛季的开启又迫在眉睫。

2020 年休赛期可谓短暂且忙碌。11 月，霍化德远赴费城，加盟 76 人，隆多也以一纸两年 1500 万美元的合同加盟亚特兰大老鹰。湖人虽然相继流失了两位夺冠功臣，也收获了三位实战性悍将：施罗德、哈雷尔和马克・加索尔。

2020 年 12 月 3 日，湖人与詹姆斯达成两年 8500 万美元续约协议，新合同从 2021 年开始到 2023 年结束。此合同签订，詹姆斯职业生涯合同总额达到 4.35 亿美元，打破在此前加内特保持的 3.343 亿美元的总薪水纪录，排名历史第一。

12 月 26 日，“圣诞大战”拉开了 2020/2021 赛季的序幕。

湖人对阵独行侠，第三节伊始，詹姆斯面对东契奇投中一记三分球，超越奥斯卡・罗伯特森，升至“圣诞大战历史得分榜”的第二位。

2020 年 12 月 27 日，詹姆斯当选（美联社）2020 年度最佳男运动员。虽然 2020 年世界经历了无尽的悲伤，但詹姆斯率领湖人夺冠，用篮球给予世人希望。

CHAMPIONS
Champions
LAKERS
NATIONAL BASKETBALL ASSOCIATION
CHAMPIONS
20
LOS ANGELES

2020 年湖人夺冠阵容 / 总决赛场均数据

首发球员	篮板	助攻	抢断	盖帽	得分
勒布朗·詹姆斯	11.8	8.5	1.1	0.5	29.8
安东尼·戴维斯	10.6	3.1	1.3	2.0	25.0
卡德维尔－波普	2.8	2.0	1.0	0.1	12.8
丹尼·格林	2.8	1.1	1.0	0.8	7.5
德怀特·霍华德	2.8	0.6	0.1	0.3	2.8

替补球员	篮板	助攻	抢断	盖帽	得分
拉简·隆多	5.1	5.5	1.0	0.0	8.6
亚历克斯·卡鲁索	2.5	2.3	0.8	0.1	6.3
凯尔·库兹马	2.8	0.5	0.1	0.1	8.5

19

2021

伤霾阻断卫冕路

2021 年，湖人陷入伤病潮，詹姆斯也饱受伤病困扰。即便如此，詹姆斯还是在“湖勇”附加赛上，面对库里命中一记超远绝杀三分球，留下该赛季为数不多的一抹亮色。作为上届冠军，湖人止步首轮，与其说是败给对手太阳，不如说是败给自己的伤病。詹姆斯在这一年入选 NBA 75大球星，被权威媒体排在乔丹之后，名列第二。

2021 年 1 月份，湖人赢下 16 场中的 12 场，詹姆斯场均得到 25.8 分、8 个篮板、7.7 次助攻。1 月 26 日，詹姆斯重回克利夫兰，在家乡父老的欢呼声中，宛如昨日巅峰重现，他全场 26 投 19 中、三分球 11 投 7 中砍下赛季新高 46 分，其中第四节独取 21 分，率领湖人客场 115 比 108 战胜骑士。比赛中，詹姆斯追身极限大帽塞克斯顿，让全场球迷有一种梦回当年的错觉，可惜最强之人已在对手的阵中。

2021 年 2 月 19 日，詹姆斯连续 5 年成为全明星票王，这也是他职业生涯的第 8 次，仅次于乔丹的 9 次。同一天，詹姆斯在对阵篮网的比赛中拿到 32 分，生涯常规赛总得分突破 35000 分，36 岁零 50 天的他成为历史上最年轻的

詹姆斯 2021 年荣耀简表

- 2021 亚特兰大全明星赛首发
- 2020/2021 赛季最佳阵容二阵
- 2021 年 NBA75 周年 75 大球星

107
OAKLAND

TISSOT
LAKERS.COM
@Lakers
NBA TV
PLAY-IN TOURNAMENT
JAMES
23

35000分先生。

2月中旬，安东尼·戴维斯遭遇小腿拉伤，加上跟健炎恶化，缺席长达两个月之久。詹姆斯单核率队独木难支，湖人遭遇一波四连败。逆境之下，詹姆斯被迫提前开启“全力詹”模式。从2月27日到3月19日的8场比赛，詹姆斯率队拿下6场。在战胜黄蜂的比赛中，詹姆斯得到37分、8个篮板和6次助攻。

湖人止住下滑的颓势，詹姆斯也透支了身体，连续高强度作战给这位“三旬老汉”埋下伤病的隐患。3月21日，詹姆斯在对阵老鹰时遭遇右脚高位踝扭伤，这次受伤非比寻常，让钢筋铁骨的詹姆斯远离赛场长达41天之久，创下生涯休战时间最长纪录。

2021年3月22日，埃尔金·贝勒溘然长逝，享年86岁。这位20世纪60年代NBA最伟大的小前锋，曾在1962年总决赛面对凯尔特人时，砍下61分、22个篮板，缔造旷古神迹。“贝勒爷”悄然远去，继科比黯然离世之后，湖人又失去一位传奇。

名宿离去，“詹眉”伤停，湖人陷入阴霾之中，离季后赛渐行渐远。

2020/2021常规赛末段，“詹眉”相继归来，率领湖人在该赛季最终取得42胜30负的战绩，排名西部第七。虽然贵为上届冠军，湖人却无缘直通季后赛，沦落到打附加赛的境地，而他们的对手，正是库里领衔的金州勇士。

勇士在2020/2021赛季也饱受伤病困扰。汤普森因伤缺席整个赛季，其他球员也伤病不断，格林得分机能退化，威金斯只能锦上添花，库里被迫成为“孤勇者”。但也逼出一个得分超强版“萌神”。库里在该赛季单场曾狂掠62分，场均砍下32分，斩获得分王的同时，以一己之力将勇士来到西部第八，与湖人在附加赛相遇。

这场附加赛堪称2021年度最受关注的比赛之一，詹姆斯VS库里，两位联盟招牌巨星再度碰面，这场“阿克伦之子的内战”让人不禁想起骑勇争冠的激情岁月，然而如今，他们率队却要为一张季后赛门票而厮杀，令人无限唏嘘。

2021年5月20日，附加赛在斯台普斯中心球馆打响。库里一开场便露出得分王的峥嵘，率领勇士打出了15比4的比分。“追梦”格林防守依旧凶悍，在末节封盖詹姆斯时再次戳中对方的眼睛，复制了2018年总决赛的一幕。勇士一路领先，湖人危急时刻，詹姆斯强忍眼部剧痛，在视线模糊的情况下，引领湖人在第三节追上比分。

比赛最后1分钟，湖人与勇士战成100平。詹姆斯在三分线外接球，迎着库里投中一记超远三分球。凭借此球，湖人赢得最后胜利，库里独取37分成为“空砍帝”。

詹姆斯得到22分、11个篮板、10次助攻的“三双”数据，而他面对库里用三分球的方式锁定胜局，完美诠释了“以彼之道还施彼身”的真正含义。

最终湖人以西部第七的身份挺进季后赛，等待他们的是保罗和布克领衔的菲尼克斯太阳。尽管两队在常规赛战绩相差悬殊，但外界仍然看好湖人上演“黑七奇迹”。

2021 年 5 月 24 日，季后赛首轮第一场，湖人在客场负于太阳，此后湖人连赢两场，总比分 2 比 1 领先，似乎“黑七奇迹”就在眼前。

第四场风云突变，“浓眉”戴维斯拉伤腹股沟，缺席第四、第五两场。在“浓眉”缺阵期间，内线优势荡然无存，詹姆斯独木难支，湖人连输两阵。第六场，“浓眉”尝试强行复出，登场几分钟后因伤再次退场。詹姆斯再次单核带队，因常规赛末端提前复出导致脚踝伤势未能痊愈，带伤作战的詹姆斯未能打出巅峰水准，虽然得到 29 分、9 个篮板、7 次助攻，但不足以率领湖人取胜。反观太阳，伤愈归来保罗送出 12 次助攻，布克独砍 47 分，率领太阳以 113 比 100 轻取湖人，以总比分 4 比 2 淘汰上届冠军，奔着第二轮呼啸而去，而湖人的卫冕之路就此中断。

36 岁的詹姆斯这一次未能逆天改命。“詹姆斯老了”的论调再次甚嚣尘上，随着仅入选最佳阵容二阵，那种论调之风更甚。

其实詹姆斯在 2021 年季后赛首轮场均交出 23+7+8 的数据单，这已经是一流全能球星的水准，但对于人们的期待而言还是远远不够，他可是詹姆斯呀！

人们习惯了詹姆斯在其生涯 19 年，无惧岁月无惧风，一直屹立在联盟潮头，但他毕竟是血肉之躯，躲不开伤病的侵袭。就这样结束 2020/2021 赛季，心不甘！下赛季必将出现皇者的反击！

2021 年 6 月，时隔 11 年，詹姆斯重新披上 6 号球衣。对此老詹发文：“家的感觉，6 号之神！”从 2018 年到 2021 年，詹姆斯身披 23 号球衣为湖人效力三个赛季，出战 167 场常规赛，场均 25.9 分、8 个篮板、8.9 次助攻，并率领湖人夺得 2020 年总冠军。

湖人在休赛期送出库兹马、波普、哈雷尔以及 2021

年首轮签，得到历史三双王 MVP 威斯布鲁克。总经理佩林卡非常自豪："我们聚集了 NBA 近期最伟大的天赋球员。"而卡梅隆·安东尼的到来，让湖人拥有更多夺冠的底气。安东尼虽然不是那位与詹姆斯针锋相对的巅峰"甜瓜"，但他那手精准投篮，正是湖人急需的中远程得分机器。

2021/2022 赛季开始前，湖人训练营成为焦点：身披 6 号球衣的詹姆斯，与 3 号"浓眉"戴维斯、0 号威斯布鲁克组成的"360 组合"，令人不禁想起十年前的"361 组合"（3 号韦德、6 号詹姆斯、1 号波什），"绝代双骄"詹姆斯、安东尼终于联手，加上霍华德与隆多，一群"老男孩"联手追逐总冠军，一时间令无数球迷的心潮澎湃。

然而，情怀不等于现实，在新赛季，坐拥"三巨头"的湖人打得异常挣扎。

2021/2022 赛季，湖人开局并不平顺，前 20 场胜负各半，詹姆斯因伤错过 10 场比赛。11 月 25 日，詹姆斯在伤愈复出的第三场找回状态，豪取 39 分，率领湖人击败步行者。当他命中制胜三分球、迈开霸王步时，我们知道那位无所不能的詹姆斯已满血归来。

12 月 10 日，湖人对阵灰熊，詹姆斯得到 20 分、10 个篮板和 11 次助攻，解锁生涯第 100 次三双。12 月 26 日，斯台普斯中心球馆正式更名为 Crypto.com 球馆，从 1999 年 10 月到 2021 年 12 月，斯台普斯见证了湖人 5 冠辉煌，承载了紫金 22 载风雨，此时都将尘封在岁月。那一日恰逢湖人与篮网的"圣诞大战"，詹姆斯砍下 39 分，哈登豪取 36 分、10 个篮板、10 次助攻"大三双"，联手演绎"东西詹"神仙打架的大戏。

12 月 29 日，湖人对阵火箭，詹姆斯总得分突破 36000 分大关，成为最年轻的 36000 分先生，36 岁零 363 天的詹姆斯以这样一个里程碑时刻为两天后的 37 岁生日献礼。

20

2022

无惧岁月无限峰

2022年，詹姆斯步入职业生涯的第20个年头，他依然矗立在联盟的巅峰，纵观NBA整个历史，没有人能够拥有像他一样浩瀚无垠的巅峰期。

詹姆斯连续第6年当选全明星票王，生涯第9次荣膺票王，追平乔丹的票王纪录。并在家乡的全明星盛会上一剑封喉，助“阿克伦搭档”库里捧得科比杯。

虽然湖人又一次因伤病潮无缘季后赛，但“詹姆斯已老”的论调并不成立，如果心存质疑，那么就看一下詹姆斯在自己38岁“生日战”的表现吧。

詹姆斯 2022 年荣耀简表

- 2022 年克利夫兰全明星赛首发
- 2021/2022 赛季最佳阵容三阵
- 2022/2023 赛季百大球员前十名

2022年1月1日，新年伊始，这也是美国时间2021年12月31日。

湖人与开拓者展开2021年的年尾大战。刚过完37岁生日的詹姆斯客串中锋，上半场就砍下27分，创个人上半场得分新高。全场他26投16中，得到43分、14个篮板，上一位能得到40分+10篮板的37岁以上球员还是乔丹。詹姆斯率队击败开拓者的同时，还成为NBA史上首位连续7场得分30+的35岁以上球员。

此役，詹姆斯不仅命中5记三分球，还多次上演技惊四座的暴扣。老夫聊发少年狂，前不久詹姆斯曾坦言自己是下山的人，却丝毫不见下山的迹象。

整个一月份，詹姆斯迎来多个里程碑：1月3日对阵森林狼，詹姆斯常规赛罚球命中数达到7697个，升至历史第四；1月8日对阵老鹰，詹姆斯生涯常规赛抢断数（2113次）升至历史第十；1月10日对阵灰熊，詹姆斯总助攻数达到9888次，超越奥斯卡·罗伯特森，升至历史第七位；1月20日对阵步行者，詹姆斯总篮板数突破10000大关，成为NBA首位得到30000分+10000个篮板+9000次助攻的球员。

1月底，詹姆斯连续第6年当选全明星票王，也是生涯第9次荣膺票王，追平乔丹并列成为NBA史上当选全明星票王次数最多的球员，此外他连续18个赛季入选全明星，与科比共同保持连续入选全明星次数最多的历史纪录。

进入2月份，詹姆斯加速了赶超历史的进程。2月13日对阵勇士，詹姆斯得到26分、15个篮板和8次助攻，连续25场得分25+创个人新高的同时，职业生涯总得分（包含常规赛与季后赛）达到了44152分，超越“天勾”贾巴尔（44149分），正式登顶NBA常规赛与季后赛的总得分榜，同时詹姆斯还是NBA季后赛总得分王（7631分），比第二名乔丹（5987分），足足领先1644分。

由于NBA历史总得分榜按常规赛计，詹姆斯此时常规赛总得分为36521分，距离第一名贾巴尔（38387分）仅有1866分，超越“天勾”，加冕总得分王只是时间问题。

2022年2月21日，全明星正赛在克利夫兰打响。NBA在（2021年）成立75周年时评选出的75大球星，大部分都齐聚于此，为这次盛会增加了许多星光异彩。

这次全明星赛可谓不破不立，首发名单变动颇大，也有一些新人涌现。西部全明星詹姆斯队，由詹姆斯、约基奇、维金斯、库里、莫兰特联袂首发。

东部全明星杜兰特队，由杜兰特、“字母哥”、恩比德、德罗赞、特雷·杨联袂首发，杜兰特因伤缺阵，由塔图姆顶替出战。KD的缺席，并未影响东西部全明星队势均力敌的态势，两队一开场便打起对攻大战，比赛异常胶着。

众所周知，克利夫兰是库里与詹姆斯的家乡，两位“阿克伦之子”终于有机会联手，在家乡父老面前奉献一场史诗级的全明星大戏。库里命中创纪录的 16 记三分球，狂砍 50 分，揽下全明星 MVP 固然精彩，但詹姆斯翻身后仰跳投命中制胜一球也同样关键，这记进球确保了自己球队以 163 比 160 击败杜兰特队。

此战，詹姆斯得到 24 分、8 次助攻，全明星总得分突破 400 分大关，可谓历史独一档的存在（其他球员全明星最高总得分不足 300 分）。值得一提的是，自从全明星改制之后，詹姆斯连续 5 年当选队长，并且率队豪取五连胜，胜率达到 100%。

多年以前相继出生于阿克伦城市医院的两位男孩，多年以后联手绽放在家乡克利夫兰的全明星盛宴之上。库里三分化雨，詹姆斯一剑封喉，我们终于可以看到这对“阿克伦组合”同在一队的威力，哪怕只是在全明星赛上，也留下了无比美妙的瞬间。

这是一届充满温情而又致敬经典的全明星赛，中场休息举行 75 大球星颁奖典礼，许久未见的传奇巨星们渐次到来，一时间让我们不停地追忆往昔……

3 月 6 日，湖人对阵勇士。詹姆斯全场 31 投 19 中，三分球 11 投 6 中，轰下 56 分，刷新自己湖人生涯的得分新高，率领湖人以 124 比 116 逆转击败勇士。

第四节，詹姆斯连中 3 记三分球，为湖人一举奠定胜势。即便已是 37 岁“高龄”，詹姆斯依旧是那位傲立峰巅、无所不能的“皇帝”。

3 月 12 日，湖人以 122 比 109 战胜奇才，詹姆斯第三节独砍 19 分，全场 25 投 18 中，命中 6 记三分球，砍下 50 分，完成个人生涯的第 14 次得分 50+。

能在一周内两次得分 50+ 且 35 岁以上的球员，放眼 NBA 古今，唯有詹姆斯一人！

3 月 14 日，湖人客场挑战太阳，詹姆斯送出个人职业生涯的第 10000 次助攻，NBA 首位“30000 分 +10000 篮板 +10000 助攻”先生自此诞生了。

2022 年 3 月 20 日，湖人再战奇才，詹姆斯砍下 38 分，常规赛总得分达到 36947 分，超越卡尔·马龙的 36928 分，升至 NBA 总得分榜第二位，距离榜首贾巴尔又进一步。

2022 年 4 月初，詹姆斯因脚踝伤势缺席了最后 6 场常规赛。湖人在 2021/2022 赛季陷入伤病的泥沼。佩林卡精心打造的“360 三巨头”因为伤病，仅仅联袂出战 21 场。

2021/2022 赛季常规赛结束，湖人仅取得 33 胜 49 负，排在西部第 11 位，无缘季后赛，执教球队三个赛季的沃格尔教练也黯然下课。

虽然湖人无缘季后赛，但詹姆斯在此赛季表现得异常精彩，他场均得到 30.3 分、8.2 个篮板、6.2 次助攻，命中率高达 52.4%。詹姆斯在 NBA 的第 19 个赛季还能场均得分 30+，创下亘古未闻的壮举，此前第 19 个赛季场均得分最高纪录是贾巴尔的 14.6 分。

湖人冲击季后赛无望之后，詹姆斯因伤选择休战了常规赛的最后 5 场，这样使得他错失争夺生涯第二个得分王的良机，恩比德以场均 30.6 分的微弱优势加冕此项桂冠。

虽然与得分王失之交臂，但詹姆斯表示：“得分王对我而言无所谓，我站在赛场上只为赢球。”的确，詹姆斯从不是一位贪恋得分的球员，否则，以他超强得分能力，不会只有一个（2007/2008 赛季场均 30 分）得分王头衔。

即便从不贪恋得分，但詹姆斯终将成为历史总得分王，这就是实力使然。

2022 年 6 月初，名不见经传的达尔文·哈姆出任湖人主教练。哈姆此前从未担任过 NBA 球队的主教练，唯一拿得出手的成绩是以雄鹿助教的身份夺得过总冠军，这样一位

“菜鸟”主教练如何能驾驭大腕云集的“紫金军团”，湖人前景扑朔迷离。

8 月 18 日，37 岁零 8 个月的詹姆斯与湖人达成两年 9710 万美元的提前续约协议，他的职业生涯总薪水达到 5.32 亿美元，成为 NBA 史上首位（总薪金）5 亿先生。

2022/2023 赛季，詹姆斯开启了生涯第 20 个赛季的征程，成为 NBA 历史第十位至少出战 20 个赛季的球员。10 月 19 日，新赛季揭幕战湖人对阵勇士，詹姆斯得到 31 分，三分球 10 投 3 中，生涯三分球总命中数达到 2143 个，追平皮尔斯，并列历史第十。

至此，詹姆斯的生涯总得分、助攻、抢断和三分球总命中数均位列 NBA 历史前十。

10 月 29 日，湖人对阵森林狼，詹姆斯得到 28 分，生涯第 1135 场比赛得分 20+，超越卡尔·马龙（1134 场），独占历史第一。虽然湖人以 102 比 111 不敌森林狼，但此战对于湖人有着特殊意义，那就是哈姆教练果断变阵，让威斯布鲁克出任替补。威少自新秀赛季之后时隔 5082 天第一次出任替补，打出高效表现，砍下 18 分、8 个篮板。

哈姆教练说服历史三双王 & MVP 威斯布鲁克出任替补，湖人大胆变阵收到奇效。威少担任替补领袖，拥有球权后又变成熟悉的三双王，他的全能与冲击力成为替补“撒手锏”，为球队提供充沛的续航能量。上赛季困扰湖人（威少首发时与詹姆斯球权分配）的问题迎刃而解，一代名帅沃格尔未能解决的问题，让“菜鸟”教练哈姆解决了。

詹姆斯与戴维斯领衔湖人首发阵容做正面鏖战，威少带领替补阵容成为板凳奇兵。这套阵容如果保持全员健康，依然能在虎狼环伺的西部杀出重围，顺利挺进季后赛。可惜“詹眉”在这个赛季依然没有走出伤病的阴霾。

11 月 11 日，湖人传出消息，詹姆斯左侧内收肌拉伤，休战 8 天。以极度自律和恐怖身体天赋锻造出的“铁人”，也抵不过岁月风霜的侵蚀。算起来，詹姆斯在湖人 4 个赛季已因伤缺战 84 场，此前他在 NBA 的 16 个赛季一共才缺席 87 场。

詹姆斯因伤缺阵，“浓眉”戴维斯挺身而出，迎来“数据大爆炸”：11 月 14 日，“浓眉”狂揽 37 分、18 个篮板，包括 10 个前场篮板，率领湖人轻取篮网；11 月 19 日，“浓眉”再得 38 分、16 个篮板和 4 记封盖，率队击败活塞；11 月 21 日，“浓眉”再得 30 分、18 个篮板，率队大胜马刺；11 月 23 日，湖人虽然不敌太阳，但“浓眉”依然豪取 37 分，狂揽个人在湖人创新高的 21 个篮板，还有 5 记封盖、5 次抢断。詹姆斯伤愈归阵之后，与正值火热的戴维斯刀剑合璧，“詹眉组合”的威力无穷，令整个联盟为之颤抖。

12 月 3 日，湖人在客场以 133 比 129 险胜东部劲旅雄鹿，“浓眉”砍下 44 分 、10

LAKERS
6
Atlanta
5

个篮板，詹姆斯也贡献 28 分、11 次助攻，生涯助攻总数超越“魔术师”约翰逊，上升到 NBA 历史总助攻榜的第六位。12 月 5 日，湖人在客场以 130 比 119 击败奇才，“浓眉”30 投 22 中，狂砍 55 分、17 个篮板，命中率高达 73%，效率之高几乎前所未闻。

这个赛季，湖人内线羸弱，“浓眉”戴维斯客串中锋，化身禁区“大魔王”，在攻防两端制霸内线，予取予求，风头一时无两，然而过度爆发也透支了他的身体。

12 月 19 日，“浓眉”戴维斯轰然倒下。湖人随后宣布戴维斯因右脚应力性损伤将无限期缺阵。消息一经传播，洛杉矶阴云密布，某些媒体对于湖人本赛季前景看衰，认为詹姆斯已经老了，无法率领“无眉”湖人走得更远，但很快响起一片打脸声。

2022 年 12 月 31 日（美国时间 12 月 30 日），湖人客场挑战老鹰。时逢詹姆斯的 38 岁生日，他在亚特兰大州立农业球馆闪耀全场，打出一场伟大的“庆生战”。27 投 18 中，三分球 6 投 4 中，砍下个人赛季新高的 47 分，贡献 10 个篮板、9 次助攻，率领湖人以 130 比 121 逆转战胜老鹰，“生日战”总得分超越“大 O”罗伯特森，升至历史第一。

凭此一战，步入 38 岁“高龄”，詹姆斯仿佛进入逆生长的轨道，呈现出 28 岁时的巅峰状态，此后更是打出一系列令人惊叹的比赛，场均得分冠绝联盟，在“浓眉”因伤缺阵的困境中，独自率领湖人顽强逆袭。当然，这些都是 2023 年的事了。

bibigo

2023

桑榆为霞尚满天

莫道桑榆晚，为霞尚满天。

越过 38 岁“山丘”，才发现无人等候。38 岁之后的詹姆斯已经达到无人企及的境界，在独属于自己的轨道上竞逐，他要超越的只有自己！

詹姆斯在 38 岁“庆生战”之后，仿佛进入 28 岁的巅峰岁月，连续得分 40+，两场合计砍下 90 分。之后，他又成为最年轻的 38000 分先生，在 38 岁的第一个月里，场均砍下 35 分，成为联盟单月的得分王。

詹姆斯太过伟大，他把 NBA 上前所未见的壮举变为寻常。他能在 38 岁的年纪场均砍下 35 分，完成轻盈迅疾的空接背扣，在生涯的第 20 个赛季依然雄踞巅峰。而超越贾巴尔加冕 NBA 历史上总得分王，即便是这样伟大的神迹，对于詹姆斯而言也是顺理成章。

2023 年 2 月 8 日，詹姆斯终于用一记中投命中，超越贾巴尔（38387 分），总得分达到 38388 分的他加冕了 NBA 历史总得分王。那一夜的詹姆斯在进攻端为所欲为，轻松砍下 38 分，那一夜无比梦幻，却又无比清晰地印刻在每一位球迷的心里。

见证传奇的机会本不多，更何况这一次我们幸运地见证了历史性的旷古传奇。

LAKERS

加冕历史总得分王之后，詹姆斯又在犹他完成自己连续19次全明星之旅，也是他第10次成为票王。虽然因为手部受伤仅得到13分，虽然詹姆斯队首次落败，但詹姆斯的心思不在这里，他心心念念的是率领湖人杀入季后赛。

2月22日，湖人在交易截止日结束前，终于送走了威斯布鲁克，换来出身湖人的榜眼拉塞尔，以及锋线防守悍将范德比尔特、比斯利。

交易完成之后，湖人的阵容提升肉眼可见，冲击季后赛的希望大增。就在曙光即将来临之前，湖人又陷入无边的黑暗。3月3日，湖人官方宣布，詹姆斯因遭遇右脚肌腱伤势而休战三周，虽然无需手术，但对于进入冲击季后赛关键期的湖人而言，这一打击无疑是致命的。

2022/2023赛季，詹姆斯场均能够得到29.5分、8.4个篮板、6.9次助攻，在他第20年的生涯里依旧保持巅峰。

2003年6月27日，NBA选秀大会孕育出钟灵毓秀的“白金一代”，詹姆斯是最闪亮的一位。2023年，20年过去了，“白金一代”都已成为过眼云烟，唯独詹姆斯依然傲然耸立，高擎着“白金一代”的最后战旗。

何止是“白金一代”呀，在这20年里，詹姆斯就是整个NBA联盟的招牌与象征，他率队十进总决赛、四夺总冠军，加冕NBA总得分王，我们总是惊叹于他那浩瀚无垠的巅峰期，却忽略巅峰背后那份执着与坚持。

在这20年里，无论爱恨，他总有一瞬间感动到你。

忘不了2007年东部决赛，他在奥本山宫殿面对活塞五虎的围剿，最后时刻连续劈下25分，直接让显赫一时的活塞王朝坍塌覆灭。

忘不了2012年东部决赛，他面沉似水，“死亡之瞳”曝射寒光，独砍45分，率领热火冲破凯尔特人的壁垒，完成生涯救赎，也取得新老“三巨头”较量的终极胜利。

忘不了2013年总决赛，他怒摘发带，心无旁骛之后，豪取30+“大三双”，那一夜让邓肯怒捶地板的不仅仅是雷·阿伦那倒转乾坤的三分球，而“皇帝”觉醒更令马刺畏惧。

忘不了 2016 总决赛他率领骑士惊天逆袭以及夺冠后的那句“Cleveland！ This is for you！”，让 73 胜的勇士成为他兑现“为家乡夺冠”诺言的背景。

忘不了 2018 年季后赛他一路绝杀、逆转，率领骑士挺进总决赛，回溯他九次制霸东部，这一次最能诠释孤胆英雄的传奇。

也忘不了 2020 年他率领湖人夺冠之后，致敬天堂的科比……

2023 年，当他用一记中投超越贾巴尔之后，我们知道，38388 分远不是他的终点，未来，他一定还会写就更为瑰丽的传奇。

勒布朗·詹姆斯，一位以“皇帝”为名的球员，注定要完成横扫八荒、臣服四海的壮举。即便是已经 38 岁了，他依然有气吞山河的雄心、匡扶社稷的能力。假以时日，他一定率领湖人完成紫金中兴，成为横冠东西的“千古一帝”。

20
2003—2023
LEBRON JAMES

皇家履型

勒布朗·詹姆斯生涯二十年战靴简析

20

LeBron James

SHOES

2003—2022

詹姆斯驾临 NBA，NIKE 为其量身打造的 Air Zoom LeBron 系列战靴，标志着皇者时代的到来。此后，NIKE 不断迭代推出 LeBron 系列球鞋。2022 年，在詹姆斯职业生涯 20 年之际，LeBron 20 也应运而生……

2003

ARI ZOOM GENERATION

2003 年，耐克为詹姆斯打造了第一双签名战靴——Air Zoom Generation。这款球鞋以詹姆斯 18 岁的生日礼物悍马 H2 为设计灵感。前掌配置 Zoom air，后跟搭载 Airsole 科技，加上中底的大碳板，实战性能十分出色。

作为詹姆斯的第一代签名鞋，这款球鞋见证了他荣耀生涯的开始，而 Air Zoom Generation 的命名也预示着新一代的到来。

2004

ZOOM LEBRON 2

2004 年 1 月，LeBron 2 面世。这是詹姆斯第一双以自己名字命名的球鞋，也是首款高帮签名鞋。

魔术绑带的设计提升了包裹性，鞋面由皮革与军用织物拼接而成，线条硬朗，极具韧性。前后掌采用 Pebax 材料包边，再配上超大超厚的 Zoom Air 气垫，使得球鞋如装甲车般稳定。

2005

ZOOM LEBRON 3

2005 年 1 月，LeBron 3 面世。鞋舌处狮子的头像，以及内侧经典方形 logo 彰显“皇帝”气息。

三代沿用上代的外包处理，又将 Zoom Air 做薄，以提供大体重下更好的力回馈作用。从前脚掌一直到后跟的大包围式 TPU，在提供保护性的同时也给了球鞋一种霸气的定位。

2006

ZOOM LEBRON 4

2006 年 1 月，LeBron 4 面世。鞋面采用和 Air Flightposite 3 类似的材质，球鞋的鞋面更贴合脚部，穿着此鞋在球场上打球，感觉就如同开着装甲车一样强悍。

LeBron4 身上均匀分布的 Foam 材料，使鞋各方面的保护都格外周到。正是穿着这双战靴，詹姆斯职业生涯首次打进总决赛。

2007

ZOOM LEBRON 5

2007 年 9 月，LeBron 5 面世。球鞋沿用绑带的设计，将位置下移，更加贴合脚踝，为鞋的稳定性上了层双保险。

中底减震沿用了前后掌 Zoom Air 加上碳素纤维板的搭配方式，在实战中对脚部的每一个动作都十分顺从，无论是急停、变向或快速切入，这意味着能用更少的力气更快地完成技术动作。

2008
ZOOM LEBRON 6

2008年11月，LeBron 6面世。这款球鞋是历代鞋款中最轻鞋款。简洁的设计并未影响到它的科技含量，全掌加上后跟 Zoom Air，成为此鞋的最大亮点。

碳纤维的后跟垫片提供绝佳稳定性，侧边皮革搭配透气鞋舌，及适合篮球运动中转移的 Phylon 双密度中底设计，将避震效果达到最大。

2009
AIR MAX LEBRON 7

2009年8月，LeBron 7面世。球鞋的避震系统采用耐克最先推出的创新缓震技术，专为篮球运动设计的全掌 Max Air 气垫单元。

整双鞋在细节上也做足了功夫，最大的亮点出现在鞋的外底，设计师在此处设计了一个3D 密钥，微微旋转球鞋就能在密钥上呈现出詹姆斯的个人信息。

2010
AIR MAX LEBRON 8

2010年10月，LeBron 8面世。这是詹姆斯加盟热火的首双签名鞋，由于改穿6号球衣，一直沿用的“LJ23”的 LOGO 作古。

从最核心的缓震科技来讲，八代既保留了全掌 Max Air 360，又开发了前 Zoom 后 Max Air 180 的全新组合，这在詹姆斯的签名鞋系列中是绝无仅有的。

2011
LEBRON 9

2011年10月，LeBron 9面世。詹姆斯亲自参与设计，根据本人意见，这款鞋首次将 Flywire 飞线技术与 Hyperfuse 结构结合在一起。前掌 Zoom Air 后掌 Max Air180 缓震单元，中足碳板扭转片带来出色减震保护。

作为詹姆斯的第一双冠军战靴，这双鞋不仅对他本人意义非凡，对球鞋玩家来说也是一双经典战靴。

作为詹姆斯的第一款冠军战靴，LeBron 9 可谓意义非凡。首次 Flywire 飞线技术与 Hyperfuse 结构的结合运用，大大减轻了球鞋的重量，并提升了整体性。球鞋在轻盈舒适的同时，还加强了减震性与支撑力。

2012
LEBRON 10

2012年8月，LeBron 10面世。詹姆斯穿着这双战靴在伦敦拿到个人第二枚奥运金牌。

一体化无缝 Hyperfuse 结构、动态飞线技术与纤维材质的组合，使球鞋在包裹性、透气性以及重量上，都得到最大的优化。钻石切割般的线条轮廓，加上反钩的设计，张扬且不失个性。

作为詹姆斯重归骑士后的首款战靴，LeBron 12 在缜密的实战分析基础上，增强了球鞋的缓震性、支撑力和灵活性，希望凭此能进一步激发詹姆斯的全能战力。

2013

LEBRON 11

2013 年 8 月，LeBron 11 面世。设计灵感来自电影《超级英雄》里的钢铁侠，该鞋是迄今为止最轻的一款。

鞋面运用 Hyperfuse 构造和动态飞线技术，提供动态贴合和完美锁定。缓震配以 Nike Zoom 单元，令脚部更贴近地面，以随时感应球场变化，这是詹姆斯战靴首次把这两种技术相组合。

2014

LEBRON 12

2014 年 9 月，LeBron 12 面世，这是詹姆斯重归骑士后的首款战靴。

LeBron 12 的外底采用全新六角形缓震系统，分布于足部多个重要压力点，在增强每一步爆发力的同时，促进自然律动。

为配合鞋底，球鞋采用了轻质、透气的 Megafuse 鞋面，就像足部的第二层皮肤一样，最大限度减轻了球鞋的重量，并增加了透气性和舒适性。

2015

LEBRON 13

2015 年 9 月，LeBron 13 面世。鞋头、中足和鞋口采用 Hyperposite 材料。四个轻薄 Zoom Air 气垫缔造非凡回弹缓震性能。

将锁定贴合和动态缓震合二为一，这与詹姆斯在场上展现出的力量和速度相得益彰。外底则融入“Akronite”元素，体现了詹姆斯与故乡俄亥俄州阿克伦市的渊源。

2016

LEBRON 14

2016 年 12 月，詹姆斯在圣诞大战中穿上了自己的第 14 代签名战靴出场。

球鞋采用宽版中足绑带，均匀分散冲击力，为多种速度中的动作提供出色稳定性。魔术贴的回归，进一步提升包裹感。关键部位搭载 Nike Zoom Air 气垫单元，提供缓震响应，释放强大力量，完美诠释詹姆斯的进攻天赋。

2017

LEBRON 15

2017 年 9 月，LeBron 15 面世。这款鞋的亮点在于采用了全新的 Nike Flyknit 结构，这种结构具有定向伸展、贴合锁定和持久耐穿的特点。

鞋底采用完全分区的缓震系统，首次将 Zoom Air 和 Max Air 气垫组合单元。优越的性能和精致的外观，使这双鞋无论在场上还是场下都足够有吸引力。

2018

LEBRON 16

2018 年 9 月，LeBron 16 面世。鞋身采用 Battleknit 2.0 材质，搭配各部位独立 Zoom Air 加 Max Air 气垫单元，强大的配置完美契合詹姆斯的诉求。

后跟代表胜利与王者的狮头压纹图案，点缀鲜红色刺绣作为眼睛。狮王的魄力摄人心魄，让人绝对臣服于“詹皇”的赛场统治力！

2019

LEBRON 17

2019 年 9 月，LeBron 17 面世。鞋舌由反光材质打造，以达到狮头的浮雕效果，加上“DunkmanLogo”、“I'mKing”、“LJ”和“23”等文字和符号装扮，在弱光环境下，呈现出炫目的 3M 发光效果。

犀利的领口设计，酷似国王的王冠，鞋帮加入热熔材质，并注入独特印花纹理，带来前所未见的华丽。

2020

LEBRON 18

2020 年 9 月，LeBron 18 面世。鞋面采用全新织物，中底采用全掌 Zoom Air 加后掌 Max Air 的组合。首次采用延伸至后掌的 Zoom 气垫替代传统中底泡棉的设计。

LeBron 18 推出时正值季后赛期间，詹姆斯穿着这双鞋带领“紫金军团”登上总冠军王座，这也是詹姆斯的第 4 双总冠军战靴。

2021

LEBRON 19

2021 年 10 月，LeBron 19 面世。前脚掌为 Zoom Air，后跟为外露式 Max Air，中足的 TPU 稳定片像是将整个鞋底系统连接在一起的桥梁，通过 Cushion 泡绵统一整体的脚感。

设计回归高帮造型，在鞋身加入几何元素和夸张线条，非常具有视觉冲击感。

2022

LEBRON 20

2022 年 9 月，LeBron 20 面世，这是詹姆斯职业生涯首款以低帮首发的球鞋。

前掌为 Zoom Turbo 气垫，后跟 Zoom 气垫单元厚度高达 13 毫米，带来强大缓震感受。中足部分还搭载了碳板，这是 LeBron 5 之后碳板首次回归。

这双 20 周年纪念款除了致敬元素，还将历代的科技精华融入配置中，更贴近当下新生代球员、玩家的需求。

2022 年，詹姆斯在 NBA 征战的第 20 个年头，在这个重要的里程碑时刻，LeBron 20 成为万众的焦点。

此款球鞋以低帮设计为主，采用全新面料，更加轻盈透气，也能提供强大的缓震与稳定性。

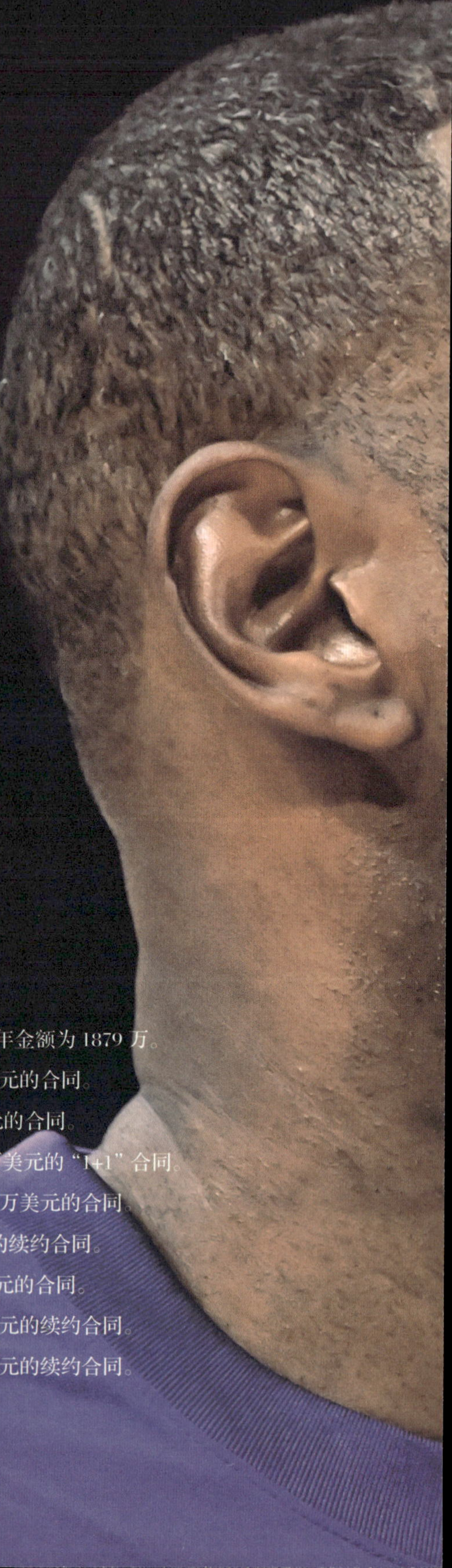

詹姆斯职业生涯薪金表

赛季	效力球队	薪金
2003/2004	克利夫兰骑士	402 万美元
2004/2005	克利夫兰骑士	432 万美元
2005/2006	克利夫兰骑士	462 万美元
2006/2007	克利夫兰骑士	583 万美元
2007/2008	克利夫兰骑士	1304 万美元
2008/2009	克利夫兰骑士	1441 万美元
2009/2010	克利夫兰骑士	1578 万美元
2010/2011	迈阿密热火	1450 万美元
2011/2012	迈阿密热火	1602 万美元
2012/2013	迈阿密热火	1755 万美元
2013/2014	迈阿密热火	1907 万美元
2014/2015	克利夫兰骑士	2064 万美元
2015/2016	克利夫兰骑士	2297 万美元
2016/2017	克利夫兰骑士	3096 万美元
2017/2018	克利夫兰骑士	3329 万美元
2018/2019	洛杉矶湖人	3565 万美元
2019/2020	洛杉矶湖人	3744 万美元
2020/2021	洛杉矶湖人	3922 万美元
2021/2022	洛杉矶湖人	4118 万美元
2022/2023	洛杉矶湖人	4447 万美元
2023/2024	洛杉矶湖人	4690 万美元
2024/2025	洛杉矶湖人	5065 万美元

詹姆斯的薪水合同一览

1. 2003 年 7 月 3 日，詹姆斯和骑士签下状元秀合同，4 年金额为 1879 万。
2. 2006 年 7 月 12 日，詹姆斯和骑士续约 4 年 6000 万美元的合同。
3. 2010 年 7 月 10 日，詹姆斯和热火签订 6 年 1.1 亿美元的合同。
4. 2014 年 7 月 13 日，詹姆斯回到骑士，签下 2 年 4210 万美元的“1+1”合同。
5. 2015 年 8 月 10 日，詹姆斯重新和骑士签下 2 年 4697 万美元的合同。
6. 2016 年 8 月 11 日，詹姆斯和骑士签下 3 年 1 亿美元的续约合同。
7. 2018 年 7 月 10 日，詹姆斯和湖人签下 4 年 1.53 亿美元的合同。
8. 2020 年 12 月 3 日，詹姆斯和湖人签下 2 年 8500 万美元的续约合同。
9. 2022 年 8 月 19 日，詹姆斯和湖人签下 2 年 9710 万美元的续约合同。

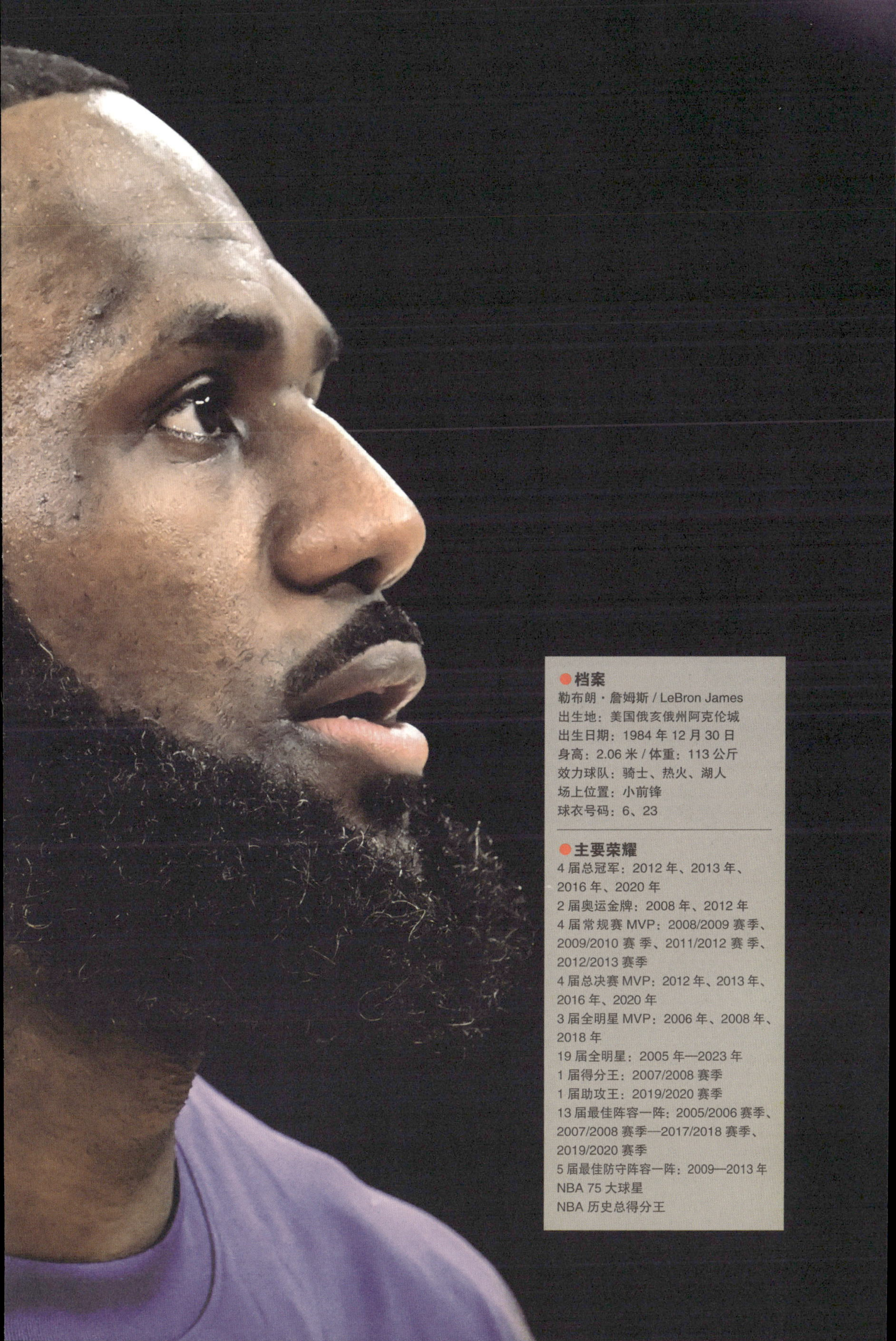

档案

勒布朗·詹姆斯 / LeBron James
出生地：美国俄亥俄州阿克伦城
出生日期：1984 年 12 月 30 日
身高：2.06 米 / 体重：113 公斤
效力球队：骑士、热火、湖人
场上位置：小前锋
球衣号码：6、23

主要荣耀

4 届总冠军：2012 年、2013 年、2016 年、2020 年
2 届奥运金牌：2008 年、2012 年
4 届常规赛 MVP：2008/2009 赛季、2009/2010 赛季、2011/2012 赛季、2012/2013 赛季
4 届总决赛 MVP：2012 年、2013 年、2016 年、2020 年
3 届全明星 MVP：2006 年、2008 年、2018 年
19 届全明星：2005 年—2023 年
1 届得分王：2007/2008 赛季
1 届助攻王：2019/2020 赛季
13 届最佳阵容一阵：2005/2006 赛季、2007/2008 赛季—2017/2018 赛季、2019/2020 赛季
5 届最佳防守阵容一阵：2009—2013 年
NBA 75 大球星
NBA 历史总得分王

职业生涯常规赛数据

赛季	球队	篮板	助攻	抢断	盖帽	得分
2003/2004	骑士	5.5	5.9	1.6	0.7	20.9
2004/2005	骑士	7.4	7.2	2.2	0.7	27.2
2005/2006	骑士	7.0	6.6	1.6	0.8	31.4
2006/2007	骑士	6.7	6.0	1.6	0.7	27.3
2007/2008	骑士	7.9	7.2	1.8	1.1	30.0
2008/2009	骑士	7.6	7.2	1.7	1.1	28.4
2009/2010	骑士	7.3	8.6	1.6	1.0	29.7
2010/2011	热火	7.5	7.0	1.6	0.6	26.7
2011/2012	热火	7.9	6.2	1.9	0.8	27.1
2012/2013	热火	8.0	7.3	1.7	0.9	26.8
2013/2014	热火	6.9	6.3	1.6	0.3	27.1
2014/2015	骑士	6.0	7.4	1.6	0.7	25.3
2015/2016	骑士	7.4	6.8	1.4	0.6	25.3
2016/2017	骑士	8.6	8.7	1.2	0.6	26.4
2017/2018	骑士	8.6	9.1	1.4	0.9	27.5
2018/2019	湖人	8.4	8.3	1.3	0.6	27.4
2019/2020	湖人	7.9	10.2	1.2	0.5	25.3
2020/2021	湖人	7.6	7.8	1.1	0.6	25.0
2021/2022	湖人	8.2	6.2	1.3	1.1	30.3
2022/2023	湖人	8.4	6.8	0.9	0.6	29.0
场均		7.5	7.3	1.5	0.8	27.2

职业生涯季后赛数据

赛季	球队	篮板	助攻	抢断	盖帽	得分
2005/2006	骑士	8.1	5.8	1.4	0.7	30.8
2006/2007	骑士	8.1	8.0	1.7	0.5	25.1
2007/2008	骑士	7.8	7.6	1.8	1.3	28.2
2008/2009	骑士	9.1	7.3	1.6	0.9	35.3
2009/2010	骑士	9.3	7.6	1.7	1.8	29.1
2010/2011	热火	8.4	5.9	1.7	1.2	23.7
2011/2012	热火	9.7	5.6	1.9	0.7	30.3
2012/2013	热火	8.4	6.6	1.8	0.8	25.9
2013/2014	热火	7.1	4.8	1.8	0.6	27.4
2014/2015	骑士	11.3	8.5	1.7	1.1	30.1
2015/2016	骑士	9.5	7.6	2.3	1.3	26.3
2016/2017	骑士	9.1	7.8	1.9	1.3	32.8
2017/2018	骑士	9.1	9.0	1.4	1.1	34.0
2019/2020	湖人	10.7	8.8	1.2	0.9	27.6
2020/2021	湖人	8.4	6.9	0.9	0.5	29.3
场均		9.0	7.2	1.5	1.0	27.2

职业生涯全明星赛数据

年份	举办地	篮板	助攻	抢断	盖帽	得分
2005	丹佛	8	6	2	0	13
2006	休斯敦	6	2	2	0	29
2007	拉斯维加斯	6	6	1	0	28
2008	新奥尔良	8	9	2	2	27
2009	菲尼克斯	5	3	0	0	20
2010	达拉斯	5	6	4	0	25
2011	洛杉矶	12	10	0	0	29
2012	奥兰多	6	7	0	0	36
2013	休斯敦	3	5	1	0	19
2014	新奥尔良	7	7	3	0	22
2015	纽约	5	7	2	0	30
2016	多伦多	4	7	0	0	13
2017	新奥尔良	3	1	0	0	23
2018	洛杉矶	10	8	1	0	29
2019	夏洛特	8	4	0	2	19
2020	芝加哥	5	6	1	2	23
2021	亚特兰大	2	4	0	1	4
2022	克利夫兰	6	8	3	1	24
2023	盐湖城	1	4	0	0	13
场均		5.8	5.8	1.2	0.4	22.4

●本书统计截至到2023年4月1日，所写时间为北京时间。